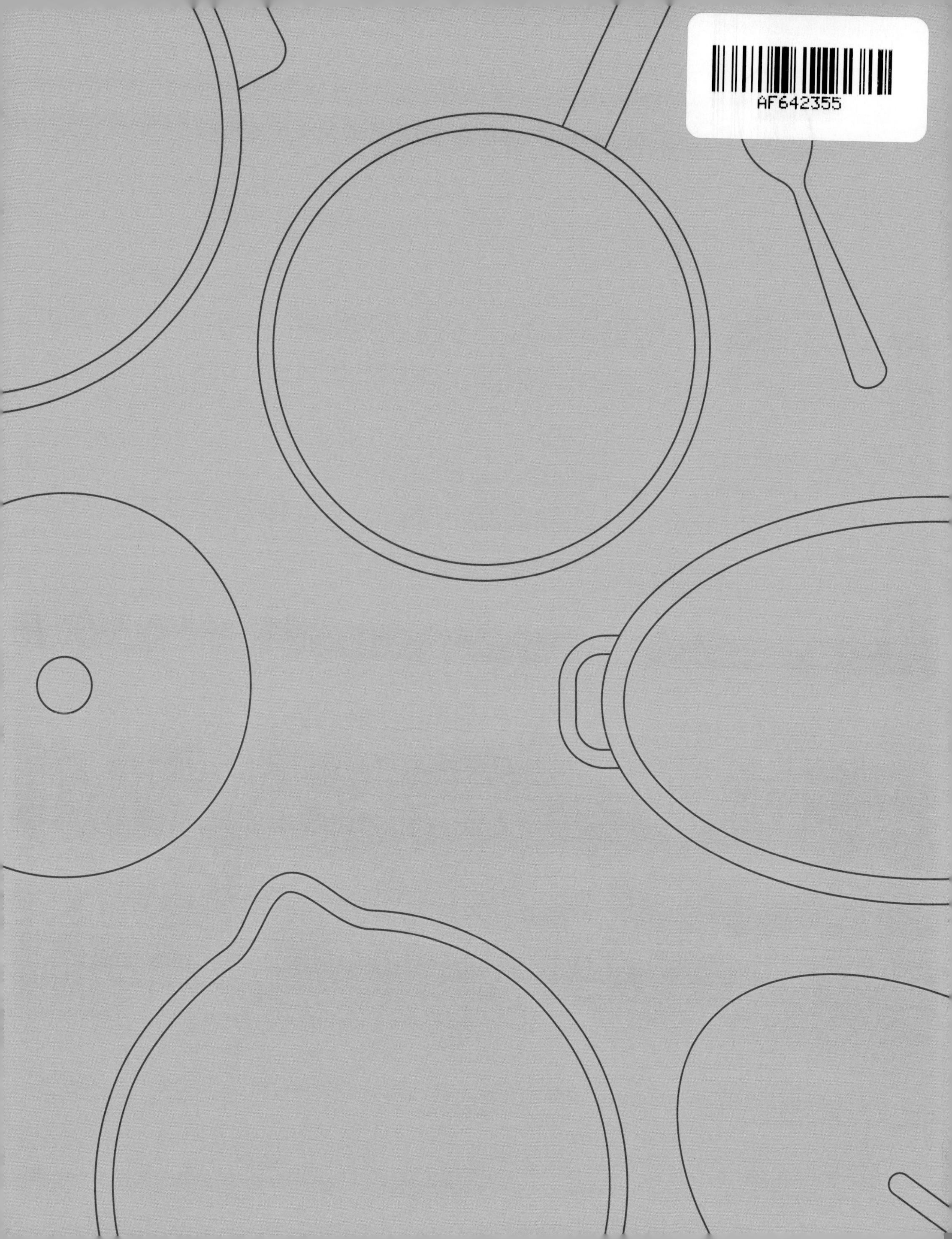

FÜR TOPF, PFANNE ODER BLECH

90 REZEPTE

ONE POT

DAS BUCH

EINFACH
LECKER
SCHNELL

SO PRAKTISCH IST ONE POT

Stellen Sie sich vor, Sie hätten Lust, etwas Köstliches zu kochen, aber die Aussicht auf Berge von Geschirr verdirbt Ihnen den Spaß. Genau hier kommt das One-Pot-Prinzip ins Spiel: Denn diese geniale Methode ermöglicht es Ihnen, eine ganze Mahlzeit in nur einem einzigen Topf, einer Pfanne, einer Auflaufform oder auf einem Backblech zuzubereiten. Das spart unglaublich viel Platz auf Ihrem Herd und Zeit beim Spülen.

Wir haben uns 90 Rezepte geschnappt und sie nach dem One-Pot-Prinzip auf den Kopf gestellt – oder besser: auf den Herd. „One Pot" steht für uns dabei für einen Topf, eine Auflaufform, ein Backblech oder eine Pfanne – Hauptsache, nur ein Gargerät. In seltenen Ausnahmen kommt eine Schüssel dazu.

Auf den folgenden Seiten erwartet Sie eine große Auswahl an oberleckeren Inspirationen für die Alltagsküche, die einfach nachzukochen sind. Ganz gleich, ob Sie bereits erfahrener Küchenprofi sind oder den Spaß am Kochen gerade erst für sich entdecken: Wir wünschen Ihnen jede Menge genussvolle Momente mit „One Pot – Das Buch"!

Weitere leckere One-Pot-Rezepte gibt es unter: edeka.de/one-pot-rezepte

INHALT

LEGENDE

GLUTENFREI
In Rezepten mit diesem Symbol werden keine glutenhaltigen Zutaten verwendet.

LAKTOSEFREI
Wird dieses Symbol gezeigt, enthält das Rezept keinen Milchzucker.

VEGETARISCH
Diese Rezepte sind ovo-lakto-vegetarisch (ohne Fleisch und Fisch).

VEGAN
Komplett pflanzliche Rezepte erkennen Sie an diesem Symbol.

ONE POT BASICS

DIE PERFEKTEN POTS

„One Pot" heißt übersetzt „ein Topf". In diesem Buch steht „Pot" aber auch für Auflaufform, Backblech, Wok, Brat- und Schmorpfanne. Das Prinzip ist dabei immer das gleiche: Es gibt ein einziges Gargerät, in dem das komplette Gericht gekocht, gebacken oder gebraten wird. Mit wenigen Ausnahmen: Bei Süßspeisen verwenden wir beispielsweise zusätzlich eine Schüssel zum Anrühren des Teigs. Mit den folgenden Gargeräten sind Sie in der One-Pot-Küche gut aufgestellt:

AUFLAUFFORMEN

Ideal sind eine große Auflaufform mit hohem Rand und eine flache Form. Eine Auflaufform sollte außerdem über einen Deckel verfügen, damit Sie darin auch Pasta in Flüssigkeit garen können.

ECKIGE AUFLAUFFORM
Sie ist besonders praktisch für Lasagne, Fischfilets, Lammrücken oder Hähnchenkeulen, die nebeneinander liegen sollen.

RUNDE AUFLAUFFORM
Sie eignet sich sehr gut für Quiches mit frischem Teig und für Gratins.

FORM MIT DECKEL
Egal, ob rund, eckig oder oval: Eine Ihrer Auflaufformen sollte einen Deckel haben, um Gerichte im eigenen Saft zu schmoren.

TÖPFE

One-Pot-Töpfe sollten groß genug sein, um alle Zutaten und die benötigte Garflüssigkeit aufnehmen zu können. Für einige Rezepte wird auch ein passender Deckel gebraucht.

KOCHTOPF
In die One-Pot-Küche gehören ein kleiner, ein mittlerer und ein großer Topf. Für jeden sollte es einen passenden Deckel geben. Das spart Energie und Zeit.

KASSEROLLE
Ein Stieltopf, auch Kasserolle genannt, ist für kleinere One-Pot-Portionen für ein bis zwei Personen gut geeignet.

PFANNEN & WOK

Pfannen sind super One-Pot-Geräte und sorgen mit ihrer schnellen direkten Hitze für köstliche Röstaromen. Es sollte unbedingt auch eine mit einem ofenfesten Griff dabei sein.

PFANNE
Zum Braten von Frittata beispielsweise eignen sich beschichtete Pfannen, in denen nichts anbrennt.

PFANNE MIT DECKEL
Zum Schmoren und zum Garen mit Flüssigkeit ist eine hohe Pfanne mit passendem Deckel ideal.

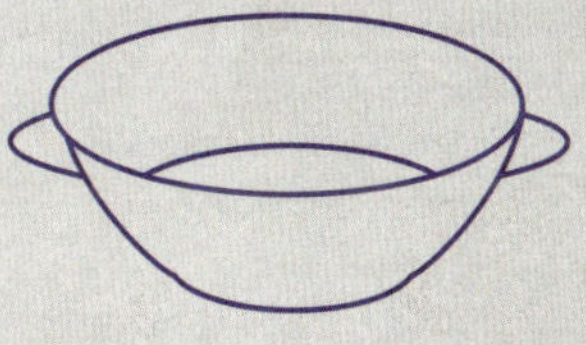

WOK
Bei Currys und Gemüsepfannen haben sämtliche Zutaten in einem großen Wok viel Platz.

BLECHE

Das Garen im Backofen ist besonders praktisch. Deshalb lohnt es sich, ein paar Blechalternativen in der Küche parat zu haben.

FLACHES BLECH
Sie eignen sich für Pizzen, Flammkuchen oder auch Ofengemüse. Durch den flachen Rand werden die Zutaten schön knusprig.

TIEFES BLECH
Liegen Fleisch oder Fisch auf einem Gemüsebett und kommt noch Garflüssigkeit ins Spiel, wird ein tiefes Blech benötigt, das auch Fettpfanne genannt wird. Alternativ können Sie eine große eckige Auflaufform verwenden.

DIE BESTEN ZUTATEN

Die meisten Zutaten, die Sie für die One-Pot-Küche benötigen, verwenden Sie bestimmt schon regelmäßig. Trotzdem gibt es ein paar Dinge, die Sie bei der Lebensmittelauswahl beachten sollten.

FLEISCH

Neben kleinen Fleischstücken mit kurzer Garzeit, zum Beispiel Rindfleisch- oder Hähnchenstreifen, eignen sich etwa auch Hähnchenkeulen für die One-Pot-Küche. Durch das lange Schmoren des Fleisches am Knochen werden die Gerichte ganz besonders aromatisch. Speckwürfel, Wurst und Hackfleisch in Chilis oder in Eintöpfen sorgen ebenfalls für einen herzhaften Geschmack.

FÜR RAUCHIGES AROMA
Schon mit einer kleinen Menge Baconwürfel in etwas Öl angebraten bekommt ein ganzer Risotto-Topf eine herrliche Würze.

FISCH & MEERESFRÜCHTE

Fisch ist wegen seiner kurzen Garzeit ideal für One-Pot-Gerichte. Filets gelingen am besten in Auflaufformen oder auf dem Blech, da sie leicht zerfallen. Zu Pasta- und Wokgerichten passen küchenfertige Garnelen besonders gut. Sie können auch tiefgefroren direkt in den Topf oder in den Wok gegeben werden und dann gemeinsam mit allen anderen Zutaten garen.

FÜR FEINEN GENUSS
Garnelen verleihen Pastagerichten und Currys ein feines Meeresfrüchte-Aroma.

BRÜHEN & FONDS

Als Garflüssigkeit eignen sich Instant-Brühen, die mit kochendem Wasser angerührt werden. Aber auch fertige Fonds von Rind, Kalb, Geflügel, Wild oder Pilzen bringen viel Geschmack an Risotto, Pasta und Eintöpfe.

FÜR KRÄFTIGEN GESCHMACK
Da die Garflüssigkeit in der One-Pot-Küche mitgegessen wird, sollten die verwendeten Brühen aromatisch und hochwertig sein.

ÖL & ESSIG

Gut zum scharfen Anbraten sind spezielle Bratöle, die selbst bei höheren Temperaturen stabil sind und nicht zu rauchen beginnen. Zum kurzen Andünsten von Zwiebeln und Gemüse bei mittleren Temperaturen ist ein natives Olivenöl sehr gut. Und ein paar Tropfen Obstessig oder ein Spritzer Aceto Balsamico peppen die One-Pot-Gerichte mit der nötigen Säure auf.

FÜR GESUNDE FETTE
Pflanzliche Öle wie natives Olivenöl extra eignen sich auch zum Braten und Kochen.

PASTA, REIS & CO.

Als Sättigungsbeilage passen vor allem kurze Pastasorten, Rundkornreis oder auch klein geschnittene Kartoffelwürfel sehr gut. Die beim Kochen austretende Stärke sorgt in der One-Pot-Küche für eine cremige Konsistenz der Gerichte.

FÜR SCHNELLE PIZZEN UND FLAMMKUCHEN
Frischer Teig aus der Kühltruhe wird einfach ausgerollt und kann sofort belegt werden.

FÜR MEHR SPASS
Perfekt für One-Pot-Gerichte sind Glasnudeln, kurze Pastasorten wie Penne Rigate oder Rigatoni, frische Pasta aus dem Kühlregal und reisförmige Pasta wie Orzo (auch als Risoni oder Kritharaki bezeichnet).

FÜR EINE CREMIGE KONSISTENZ
Runde Reissorten wie Risotto- oder Milchreis binden die Flüssigkeit ganz besonders gut und sind daher perfekt für One-Pot-Gerichte.

VEGANE ALTERNATIVEN

Ob Speckwürfel, Hackfleisch oder Reibekäse: Für viele Zutaten gibt es tolle pflanzliche Alternativen, mit denen Sie Ihre Lieblingsrezepte in vegetarische oder vegane Köstlichkeiten verwandeln können.

FÜR BOLO-FANS
Die vegane Hackfleischalternative mit Sojaeiweiß kann wie normales Hackfleisch in Pastagerichten und Hackpfannen verwendet werden.

MILCHPRODUKTE

Wichtig für den Geschmack und die Konsistenz sind auch Crème fraîche, Sahne, Schmand oder Käse. Sie werden entweder mitgekocht oder erst ganz zum Schluss untergehoben, um dem Gericht den letzten Schliff zu geben.

FÜR SAHNIGEN GENUSS
Crème fraîche rundet viele Gerichte ab und schafft eine harmonische Verbindung zwischen den unterschiedlichen Zutaten.

FÜR FEINEN SCHMELZ
Käsesorten wie Gouda, Mozzarella oder Bergkäse passen hervorragend in die One-Pot-Küche, da sie gut schmelzen und sich dann mit der Sauce verbinden.

GEMÜSE

Für One-Pot-Gerichte eignet sich Gemüse in jeder Form. Damit das Gemüse gleichmäßig gart, ist es wichtig, es in gleich große Stücke zu schneiden oder das Gemüse je nach Garzeit nacheinander in den Topf zu geben – Möhrenscheiben und Brokkoli also zuerst und Blattspinat ganz zum Schluss. Sehr praktisch sind TK-Gemüse wie gefrorene Erbsen oder Blumenkohlröschen. Sie können unaufgetaut in den Topf gegeben werden.

FÜR GEMÜSELIEBHABER:INNEN
Erbsen, Blumenkohl, grüne Bohnen – hier wird die Tiefkühltruhe zum Gemüsebeet.

28
REZEPTE

ALLES MIT FLEISCH

Duftende Hähnchenkeulen aus dem Ofen, langsam geschmorte Rouladen und herzhaft gebratenes Hackfleisch aus der Pfanne – hier wandern alle Zutaten zusammen mit dem Fleisch in den Topf oder in die Auflaufform. So köcheln sie gemeinsam und von ganz alleine entstehen köstliche Gerichte.

HÄHNCHENKEULEN

MIT BLATTSPINAT UND WEISSEN BOHNEN

FÜR 4 PORTIONEN

450 g	**TK-Blattspinat (aufgetaut)**
½ TL	**Paprikapulver, edelsüß**
	Salz, Pfeffer
1 Prise	**Zucker**
½ TL	**Knoblauchpulver**
½ TL	**getrockneter Thymian**
4	**Hähnchenkeulen (im Gelenk getrennt)**
5 EL	**Olivenöl**
3	**Knoblauchzehen**
1 Stange	**Lauch**
1	**getrocknete Chilischote**
2 Stiele	**Rosmarin**
2	**Lorbeerblätter**
250 ml	**trockener Cidre (alternativ Apfelsaft)**
400 g	**weiße Bohnen (aus der Dose)**
50 g	**Crème fraîche**
2 Stiele	**Thymian**
1	**Baguette**

1. Den Spinat im Sieb abtropfen lassen und gut ausdrücken. Den Backofen auf 180 Grad (Ober- und Unterhitze) vorheizen. Paprikapulver, ½ TL Salz, Pfeffer, Zucker, Knoblauchpulver und getrockneten Thymian mischen. Die Hähnchenkeulen mit 3 EL Öl bestreichen und mit der Gewürzmischung einreiben. Das restliche Olivenöl in einem Bräter erhitzen und das Fleisch darin ca. 10 Minuten rundherum anbraten.

2. Inzwischen die Knoblauchzehen mit der breiten Seite eines Messers leicht andrücken und die Schale entfernen. Den Lauch putzen, längs halbieren, gründlich waschen und dann in dünne Scheiben schneiden. Lauch, Knoblauch, Chilischote, Rosmarin und Lorbeerblätter zum Fleisch geben und einige Minuten mitbraten. Das Fleisch mit der Hautseite nach oben legen. Mit Cidre ablöschen. Die Bohnen mit der Hälfte der Lake zugeben, salzen und pfeffern und im heißen Ofen 40–50 Minuten garen.

3. Den Bräter auf den heißen Herd stellen, die Crème fraîche zugeben, den Spinat untermischen und 3–4 Minuten mitgaren. Thymianblätter von den Stielen streifen. Mit Salz und Pfeffer abschmecken und mit den Thymianblättern bestreuen. Die Lorbeerblätter vor dem Verzehr entfernen. Dazu passt Baguette.

TIPP Statt TK-Spinat passt auch frischer Mangold zu den Hähnchenkeulen. Dazu den Strunk abschneiden. Blätter und Stiele waschen, in Streifen schneiden und zu Beginn im Bräter in reichlich kochendem Salzwasser blanchieren. Dann abtropfen lassen, gut ausdrücken und später wie den Spinat mitgaren.

ZUBEREITUNG	GARGERÄT	ANZAHL	NÄHRWERTE
ca. 1 Stunde 30 Minuten	Bräter	4 Portionen	pro Portion ca. 713 kcal, 50 g E, 44 g F, 22 g KH

ERBSENSUPPE

MIT WÜRSTCHEN UND KASSELER

FÜR 4 PORTIONEN

1 Bund	**Suppengrün (mit Möhren, Lauch und Knollensellerie)**
200 g	**durchwachsener Speck**
2 EL	**Sonnenblumenöl**
1	**Lorbeerblatt**
1 TL	**getrockneter Majoran**
300 g	**grüne Schälerbsen**
500 g	**Kasselernacken mit Knochen**
300 g	**Kartoffeln, festkochend**
100 g	**TK-Erbsen**
4	**Wiener oder Schinkenwürste**
	Salz, Pfeffer
1–2 TL	**Rotweinessig (alternativ Aceto Balsamico)**
5 Stiele	**Majoran**

1. Die Möhren und den Knollensellerie putzen, schälen und in ca. 1 cm große Würfel schneiden. Den Lauch putzen und den dunkelgrünen Teil entfernen. Die restliche Lauchstange der Länge nach vierteln, gründlich waschen und in ca. 1 cm breite Stücke schneiden. Den Speck fein würfeln. Das Öl in einem großen Topf erhitzen und den Speck darin bei starker Hitze anbraten. Das vorbereitete Gemüse zugeben und ca. 3 Minuten unter gelegentlichem Rühren mit andünsten. Das Lorbeerblatt, getrockneten Majoran, Schälerbsen, Kasseler und 1,8 l Wasser hinzufügen. Kurz aufkochen und zugedeckt bei mittlerer Hitze ca. 90 Minuten garen.

2. Inzwischen die Kartoffeln schälen, waschen und in ca. 1 cm große Würfel schneiden. Die Kartoffelwürfel ca. 30 Minuten vor Garzeitende zur Suppe geben, kurz aufkochen und bei mittlerer Hitze mitgaren. Kasseler aus dem Topf nehmen, etwas abkühlen lassen und dann in mundgerechte Würfel schneiden.

3. Die TK-Erbsen und Kasselerwürfel ca. 15 Minuten vor Ende der Garzeit in den Topf geben und alles ohne Deckel zu Ende garen. Die Würstchen nach Belieben klein schneiden und ca. 5 Minuten in der Suppe erwärmen. Die Erbsensuppe mit Salz, Pfeffer und etwas Essig abschmecken. Majoranblättchen von den Stielen zupfen und die Suppe damit bestreuen. Das Lorbeerblatt vor dem Verzehr entfernen.

TIPP Erbsensuppe lässt sich als Meal-Prep super vorkochen und einfrieren. Frieren Sie die Suppe jedoch ohne die Wiener Würstchen ein und geben Sie sie erst beim Erhitzen zur Suppe.

ZUBEREITUNG	GARGERÄT	ANZAHL	NÄHRWERTE
ca. 2 Stunden	großer Topf mit Deckel	4 Portionen	pro Portion ca. 1.047 kcal, 49 g E, 73 g F, 48 g KH

Wiener Würstchen werden immer nur erwärmt, aber nicht mitgekocht, da sie sonst aufplatzen.

LAMMRÜCKEN MIT KRÄUTERKRUSTE

AUF OFENGEMÜSE

FÜR 4 PORTIONEN

2	**Lammrückenfilets (à ca. 250 g)**
	Salz, Pfeffer
7 EL	**Olivenöl**
400 g	**Hokkaidokürbis**
2	**Pastinaken**
2	**Knoblauchzehen**
10	**Schalotten**
4	**Rote Beten**
250 g	**Rosenkohl**
1	**Bio-Zitrone**
8	**Kirschtomaten**
2 EL	**flüssiger Honig**
150 ml	**Geflügelbrühe**
60 g	**kalte Butter**
7 Stiele	**glatte Petersilie**
4 Stiele	**Thymian**
2 EL	**Pistazienkerne (ungesalzen, geschält)**
5 EL	**Semmelbrösel**
150 g	**griechischer Joghurt**

1. Den Backofen auf 200 Grad (Ober- und Unterhitze) vorheizen. Die Lammrückenfilets mit Küchenpapier trocken tupfen, salzen und pfeffern. 2 EL Öl in einem Bräter stark erhitzen, das Fleisch darin 2 Minuten rundherum anbraten und danach herausnehmen.

2. Den Kürbis waschen, Kerne entfernen und das Fruchtfleisch in Stücke schneiden. Die Pastinaken schälen, längs halbieren und in Stücke schneiden. Knoblauchzehen mit der flachen Messerklinge andrücken. Schalotten schälen und längs halbieren. Rote Beten schälen und in Spalten schneiden. Rosenkohl waschen, putzen und halbieren. Zitrone heiß waschen, Schale fein abreiben und die Frucht auspressen. Tomaten waschen und halbieren. Gemüse im Bräter mit 4 EL Öl, Honig, 3 EL Zitronensaft, Brühe, Salz und Pfeffer mischen. Im heißen Ofen ca. 40 Minuten garen.

3. Die Butter würfeln. Blätter von 5 Petersilienstielen abzupfen. Thymianblättchen abstreifen. Kräuter mit Pistazien und Semmelbröseln fein hacken. Danach mit den Butterwürfeln vermengen und hacken, bis alles gut vermischt ist. Mit Salz und Pfeffer würzen. Fleisch mit der Bröselmischung bedecken und leicht andrücken.

4. Backofentemperatur auf 220 Grad erhöhen. Das Fleisch auf das Gemüse setzen und auf der mittleren Schiene ca. 12 Minuten überbacken. Joghurt, 1 EL Zitronenschale, Salz und restliches Öl verrühren. Restliche Petersilie hacken. Den Bräter aus dem Ofen nehmen. Das Fleisch 5 Minuten ruhen lassen, mit der Petersilie bestreuen und mit dem Joghurt-Dip servieren.

ZUBEREITUNG	GARGERÄT	ANZAHL	NÄHRWERTE
ca. 1 Stunde 10 Minuten	Bräter	4 Portionen	pro Portion ca. 770 kcal, 40 g E, 49 g F, 41 g KH

WEISSKOHL-HACKFLEISCH-PFANNE

MIT KARTOFFELN

FÜR 4 PORTIONEN

600 g	**Kartoffeln, vorwiegend festkochend**
4	**Zwiebeln**
1 kg	**Weißkohl**
6 EL	**Olivenöl**
500 g	**Rinderhackfleisch**
600 ml	**Gemüsebrühe**
1–2 Bund	**Petersilie**
1 Prise	**gemahlener Kümmel**
	Salz, Pfeffer
300 g	**Schmand**

1. Die Kartoffeln und die Zwiebeln schälen und beides würfeln. Die Außenblätter des Weißkohls entfernen, den Kohl waschen, halbieren und den Strunk herausschneiden. Den Weißkohl grob raspeln. Das Öl in einer großen Pfanne erhitzen und dann das Hackfleisch darin krümelig anbraten. Kartoffeln, Zwiebeln und Kohl hinzufügen und ca. 5 Minuten braten. Mit der Gemüsebrühe ablöschen. Alles ca. 15 Minuten köcheln lassen.

2. Die Petersilie grob hacken. Die Weißkohlpfanne mit Kümmel, Salz und Pfeffer würzen. Die gehackte Petersilie unterrühren und die Pfanne mit Schmand servieren.

TIPP Seine verdauungsfördernde Wirkung macht Kümmel zu einer beliebten Zutat bei Gerichten mit blähenden Lebensmitteln wie zum Beispiel Kohl. Genau wie Kümmel machen auch Anis- und Fenchelsamen den Weißkohl bekömmlicher.

ZUBEREITUNG	GARGERÄT	ANZAHL	NÄHRWERTE
ca. 30 Minuten	große Pfanne	4 Portionen	pro Portion ca. 871 kcal, 38 g E, 55 g F, 44 g KH

Dank seiner festen Struktur ist
Weißkohl das perfekte Gemüse für
deftige Eintöpfe sowie Pfannen-
und Schmorgerichte.

HÄHNCHEN-KARTOFFEL-PFANNE

MIT KIRSCHTOMATEN UND ZUCCHINI

FÜR 4 PORTIONEN

400 g	**Hähnchenbrustfilet**
500 g	**Kartoffeln, vorwiegend festkochend**
1	**Zucchini**
1	**Knoblauchzehe**
8	**Kirschtomaten**
2	**rote Zwiebeln**
6 EL	**Olivenöl**
1 Msp.	**Paprikapulver, geräuchert**
	Salz, Pfeffer
½ TL	**gemahlene Fenchelsamen**
2 Stiele	**Rosmarin**
1 TL	**Honig**
100 ml	**Geflügelbrühe**
150 g	**Feta**
1 Stiel	**glatte Petersilie**
2 EL	**Zitronensaft**

1. Das Hähnchenbrustfilet in Würfel schneiden. Die Kartoffeln schälen, gründlich waschen und danach in Würfel schneiden. Die Zucchini waschen, längs vierteln und in Stücke schneiden. Den Knoblauch schälen und in Scheiben schneiden. Die Kirschtomaten waschen und halbieren. Die roten Zwiebeln schälen und in Spalten schneiden.

2. In einer großen, ofenfesten Pfanne 2 EL Olivenöl erhitzen. Die Fleischwürfel mit Paprikapulver, Salz und Pfeffer würzen, portionsweise rundherum scharf anbraten und herausnehmen. Den Backofen auf 180 Grad (Ober- und Unterhitze) vorheizen.

3. Restliches Öl in die Pfanne geben und die Kartoffeln darin ca. 10 Minuten rundherum goldbraun braten. Zucchini, Zwiebeln und Knoblauch dazugeben und weitere ca. 5 Minuten braten, dabei mit Salz und Pfeffer würzen. Das Fleisch mit gemahlenen Fenchelsamen, Rosmarin, Kirschtomaten und Honig zurück in die Pfanne geben. Die Brühe angießen, mit Feta bestreuen und ca. 15 Minuten im heißen Backofen garen. Die Petersilienblätter vom Stiel abzupfen und fein hacken. Die Hähnchen-Kartoffel-Pfanne mit gehackter Petersilie bestreuen und mit Zitronensaft beträufelt servieren.

ZUBEREITUNG	GARGERÄT	ANZAHL	NÄHRWERTE
ca. 50 Minuten	große, ofenfeste Pfanne	4 Portionen	pro Portion ca. 508 kcal, 37 g E, 28 g F, 26 g KH

MIE-NUDEL-SUPPE

MIT SCHWEINEBAUCH UND INGWER

FÜR 4 PORTIONEN

400 g	**Schweinebauch**
150 g	**Zwiebeln**
2	**Knoblauchzehen**
120 g	**Möhren**
60 g	**Staudensellerie**
2	**Lauchzwiebeln**
50 g	**frischer Ingwer**
1–3	**Chilischoten**
100 g	**Shiitakepilze**
300 g	**dicke TK-Bohnen**
2 EL	**Erdnussöl**
125 g	**Mie-Nudeln**
6–8 EL	**Sojasauce**
1 Bund	**Koriander**

1. Den Schweinebauch in ca. 2 cm große Stücke schneiden. Zwiebeln und Knoblauch schälen und in ca. 1 cm große Stücke schneiden. Die Möhren schälen, den Staudensellerie und die Lauchzwiebeln waschen und putzen. Das Gemüse dann in Stifte schneiden. Ingwer schälen und fein reiben. Die Chilischoten in dünne Ringe, die Shiitakepilze in feine Scheiben schneiden. Die dicken Bohnen auftauen und aus der Schote drücken.

2. Das Erdnussöl in einem großen Topf erhitzen, den Schweinebauch darin bei mittlerer bis starker Hitze ca. 10 Minuten anbraten. Mit 1 l Wasser ablöschen und zugedeckt ca. 40 Minuten bei niedriger Hitze köcheln lassen. Dann die vorbereiteten Zutaten und die Mie-Nudeln hinzufügen, die Hitze erhöhen und alles ohne Deckel ca. 5 Minuten köcheln lassen. Die Sojasauce zugeben und den Topf vom Herd nehmen. Anschließend die Korianderblätter abzupfen, grob hacken, über die Suppe streuen und sofort servieren.

TIPP Statt Erdnussöl passt Sesamöl ebenfalls sehr gut für dieses asiatische Gericht. Verwenden Sie ungeröstetes Sesamöl: Das hat eine helle Farbe und eignet sich zum Anbraten.

ZUBEREITUNG	GARGERÄT	ANZAHL	NÄHRWERTE
ca. 1 Stunde 25 Minuten	großer Topf mit Deckel	4 Portionen	pro Portion ca. 680 kcal, 40 g E, 23 g F, 75 g KH

RINDFLEISCH-CURRY

MIT KARTOFFELN UND BOHNEN

FÜR 4 PORTIONEN

1	**Knoblauchzehe**
25 g	**frischer Ingwer**
3	**Kardamomkapseln**
800 g	**Rindergulasch**
	Salz, Pfeffer
4 EL	**Sonnenblumenöl**
2	**Zwiebeln**
2 EL	**mittelscharfes Currypulver**
½ TL	**Kurkumapulver**
1	**Zimtstange**
3	**Sternanise**
400 g	**stückige Tomaten (aus der Dose)**
250 ml	**Vollmilch**
150 ml	**Rinderbrühe**
1 Prise	**Zucker**
400 g	**Kartoffeln, vorwiegend festkochend**
200 g	**Brechbohnen**
6 Stiele	**Koriander**
100 g	**Joghurt**

1. Den Knoblauch und den Ingwer schälen und beides fein reiben. Kardamomkapseln mit der breiten Seite eines Messers leicht andrücken und die Samen herauslösen. Das Fleisch mit Knoblauch, Ingwer, ½ TL Salz und Pfeffer mischen. Öl in einem Bräter erhitzen. Die Zwiebeln schälen, fein würfeln und darin goldgelb braten. Curry- und Kurkumapulver, die Zimtstange, Sternanise und Kardamomsamen zugeben und kurz anrösten. Fleisch und Tomaten zufügen und mit Milch und Rinderbrühe auffüllen. Mit Salz, Pfeffer und Zucker würzen, alles aufkochen und dann zugedeckt ca. 2 Stunden bei milder Hitze schmoren.

2. Die Kartoffeln schälen, in Spalten schneiden und in kaltes Wasser legen. Die Bohnen waschen, putzen und klein schneiden. Die Kartoffeln dann abgießen und zusammen mit den Bohnen ca. 30 Minuten vor Ende der Garzeit zum Curry geben.

3. Das Curry mit Salz und Pfeffer abschmecken. Die Korianderblättchen abzupfen. Curry mit Joghurt beträufeln und mit dem Koriander bestreut servieren.

ZUBEREITUNG	GARGERÄT	ANZAHL	NÄHRWERTE
ca. 2 Stunden 30 Minuten	Bräter mit Deckel	4 Portionen	pro Portion ca. 656 kcal, 46 g E, 41 g F, 26 g KH

FETTUCCINE BOLOGNESE

MIT PARMESAN

FÜR 4 PORTIONEN

2	**Zwiebeln**
2	**Knoblauchzehen**
4 EL	**Olivenöl**
600 g	**gemischtes Hackfleisch**
	Salz, Pfeffer
½ TL	**Zucker**
2 EL	**Tomatenmark**
125 ml	**Rotwein (alternativ Traubensaft)**
800 g	**stückige Tomaten (aus der Dose)**
2	**Lorbeerblätter**
1 TL	**getrockneter Oregano**
500 g	**frische Fettuccine aus dem Kühlregal**
2 Stiele	**Basilikum**
80 g	**geriebener Parmesan**

1. Die Zwiebeln schälen und fein würfeln. Knoblauch schälen und fein hacken. Olivenöl in einem großen Topf erhitzen, das Hackfleisch darin krümelig und braun anbraten. Zwiebeln und Knoblauch kurz mitbraten. Mit Salz, Pfeffer und Zucker würzen. Tomatenmark zugeben und kurz mit anrösten. Mit Rotwein ablöschen und offen fast vollständig einkochen lassen.

2. Die stückigen Tomaten, 100 ml Wasser und die Lorbeerblätter zufügen und mit Salz und Pfeffer würzen. Aufkochen und halb zugedeckt bei milder bis mittlerer Hitze ca. 1 Stunde köcheln lassen. Dabei mehrfach umrühren und ggf. nachwürzen.

3. Den getrockneten Oregano und 400 ml Wasser dazugeben und aufkochen. Dann die Fettuccine hinzufügen und alles unter häufigem Rühren ca. 10 Minuten garen. Lorbeerblätter vor dem Servieren entfernen. Die Basilikumblätter von den Stielen abzupfen. Die Bolognese mit dem geriebenen Parmesan und den Basilikumblättern bestreut servieren.

TIPP Statt frischer Fettuccine können Sie natürlich auch frische Spaghetti oder Tagliatelle für dieses Rezept verwenden. Oder Sie nehmen gekochte Pasta vom Vortag.

ZUBEREITUNG	GARGERÄT	ANZAHL	NÄHRWERTE
ca. 1 Stunde 20 Minuten	großer Topf mit Deckel	4 Portionen	pro Portion ca. 873 kcal, 45 g E, 48 g F, 60 g KH

Coq au Vin (auf Deutsch „Hähnchen in Rotweinsauce“) ist ein Traditionsrezept der französischen Landhausküche aus dem Burgund.

COQ AU VIN

MIT KARTOFFELN UND CHAMPIGNONS

FÜR 4 PORTIONEN

3	**Hähnchenkeulen**
2	**Hähnchenbrustfilets**
200 g	**durchwachsener Speck am Stück**
6 EL	**Sonnenblumenöl**
2 EL	**Butter**
	Salz, Pfeffer
4	**Knoblauchzehen**
3	**Lorbeerblätter**
400 ml	**Rotwein**
200 g	**Schalotten**
2	**Petersilienwurzeln**
4	**Möhren**
8	**kleine Kartoffeln**
3 Stangen	**Staudensellerie**
200 g	**braune Champignons**
8 Stiele	**Thymian**
1	**Baguette**

1. Backofen auf 180 Grad (Ober- und Unterhitze) vorheizen. Die Keulen im Gelenk teilen. Die Filets quer halbieren. Vom Speck die Schwarte entfernen. Speck in 1 cm breite Scheiben schneiden. Den Bräter auf dem Herd erhitzen. Speck und 4 EL Öl hineingeben und ca. 2 Minuten anbraten. Die Butter dazugeben, die Keulenteile zufügen und rundherum hellbraun anbraten. Nach ca. 3 Minuten Filets ergänzen und mitbraten, alles mit Salz und Pfeffer würzen und ca. 3 Minuten bei starker Hitze weiterbraten.

2. Die Knoblauchzehen mit der breiten Seite eines Messers leicht andrücken und die Schalen entfernen. Mit den Lorbeerblättern in den Bräter geben. Rotwein und ca. 100 ml Wasser zugießen. Alles zugedeckt aufkochen und anschließend im unteren Ofendrittel ca. 30 Minuten schmoren.

3. Inzwischen die Schalotten schälen und halbieren. Die Petersilienwurzeln und die Möhren schälen und in ca. 3 cm große Stücke schneiden. Kartoffeln gründlich waschen und halbieren. Selleriestangen waschen, putzen und in ca. 2 cm breite Stücke schneiden. Die Pilze putzen und je nach Größe halbieren oder ganz lassen.

4. Den Bräter aus dem Backofen nehmen, die vorbereiteten Zutaten und 4 Stiele Thymian zugeben. Weitere 35–40 Minuten zugedeckt im Ofen schmoren. Anschließend die Lorbeerblätter wieder entfernen. Coq au Vin mit Salz und Pfeffer abschmecken und mit dem restlichen Thymian bestreuen. Mit dem Baguette servieren.

ZUBEREITUNG	GARGERÄT	ANZAHL	NÄHRWERTE
ca. 1 Stunde 35 Minuten	Bräter mit Deckel	4 Portionen	pro Portion ca. 1.230 kcal, 67 g E, 75 g F, 58 g KH

KNUSPRIGE BROTPFANNE

MIT PIMIENTOS UND CHORIZO

FÜR 4 PORTIONEN

300 g	**Baguette vom Vortag**
200 g	**Chorizo**
2	**Knoblauchzehen**
1	**Bio-Zitrone**
300 g	**Pimientos (kleine grüne Paprikaschoten)**
2 Handvoll	**glatte Petersilie**
5 EL	**Olivenöl**
1 TL	**Paprikapulver, geräuchert**
100 g	**Oliven mit Kern**
	Salz, Pfeffer

1. Das Baguette in ca. 3 cm große Stücke schneiden oder reißen. Chorizo pellen und in 1 cm dicke Scheiben schneiden. Den Knoblauch schälen und in feine Scheiben schneiden. Die Zitrone heiß waschen und in Spalten schneiden. Pimientos waschen, die kleineren halbieren, die größeren dritteln oder vierteln. Die Petersilie grob hacken.

2. In einer großen Pfanne 3 EL Olivenöl erhitzen. Knoblauch und Chorizo darin ca. 2 Minuten braten. Herausnehmen und im selben Öl die Brotwürfel und die Pimientos 4–5 Minuten unter ständigem Wenden knusprig braten. Übriges Öl, Chorizo und Knoblauch mit Paprikapulver und den Oliven dazugeben. Die Hälfte der Petersilie untermischen. Mit Salz und Pfeffer würzen.

3. Das Ganze auf Tellern anrichten. Mit der übrigen Petersilie bestreuen und mit den Zitronenspalten servieren.

TIPP Statt Pimientos können Sie auch grüne oder rote Spitzpaprika für die Brotpfanne verwenden.

ZUBEREITUNG	GARGERÄT	ANZAHL	NÄHRWERTE
ca. 15 Minuten	große Pfanne	4 Portionen	pro Portion ca. 293 kcal, 9 g E, 18 g F, 24 g KH

Chorizo ist eine spanische oder portugiesische Rohwurst aus Schweinefleisch, die mit Paprikapulver und Knoblauch gewürzt wird.

WÜRSTCHEN-CHILI

MIT LAUCHZWIEBELN

FÜR 4 PORTIONEN

20	**Rostbratwürstchen**
6	**Lauchzwiebeln**
2	**Chilischoten**
4 EL	**Sonnenblumenöl**
400 g	**stückige Tomaten (aus der Dose)**
250 g	**Kidneybohnen (aus der Dose)**
300 ml	**Gemüsebrühe**
	Salz, Pfeffer

1. Die Rostbratwürstchen in Scheiben schneiden. Danach die Lauchzwiebeln waschen, putzen und in Ringe schneiden. Die Chilischoten nach Belieben entkernen und hacken.

2. Öl in einem großen Topf erhitzen. Die Würstchenscheiben, weiße Lauchzwiebelringe und die gehackten Chilischoten darin anbraten. Die stückigen Tomaten dazugeben. Die Kidneybohnen in einem Sieb abgießen, abspülen und abtropfen lassen. Die Bohnen zusammen mit der Brühe hinzufügen. Alles aufkochen und bei mittlerer Hitze ca. 10 Minuten köcheln lassen.

3. Chili mit Salz und Pfeffer abschmecken. Mit den übrigen Lauchzwiebelringen bestreuen und servieren.

TIPP Lust auf ein rein pflanzliches Würstchen-Chili? Dann verwenden Sie statt der Rostbratwürstchen vegane Bratwurst.

ZUBEREITUNG	GARGERÄT	ANZAHL	NÄHRWERTE
ca. 30 Minuten	großer Topf	4 Portionen	pro Portion ca. 904 kcal, 35 g E, 71 g F, 28 g KH

GESCHMORTE RINDERROULADEN

MIT KNÖDELN

FÜR 4 PORTIONEN

6	**Gewürzgurken**
4	**Zwiebeln**
6	**Rinderrouladen (à ca. 150 g)**
6 TL	**scharfer Senf**
12 Scheiben	**durchwachsener Speck**
1	**Möhre**
150 g	**Knollensellerie**
½ Stange	**Lauch**
7 EL	**Sonnenblumenöl**
	Salz, Pfeffer
5 EL	**Mehl**
1 TL	**Zucker**
1 EL	**Tomatenmark**
200 ml	**Rotwein (alternativ mehr Fleischbrühe)**
700 ml	**Fleischbrühe**
2	**Lorbeerblätter**
400 g	**Knödelteig (aus dem Kühlregal)**
2–3 TL	**Speisestärke**
2 Stiele	**glatte Petersilie**

Außerdem:

Rouladennadeln

1 Gewürzgurken längs vierteln. 3 Zwiebeln schälen, halbieren und längs in Streifen schneiden. Rouladen zwischen je 2 Lagen Frischhaltefolie mit dem Boden eines Stieltopfs dünn klopfen. Rouladen mit je 1 TL Senf bestreichen und mit je 2 Scheiben Speck belegen. Gurken- und Zwiebelstreifen auf die unteren Fleischenden legen. Zuerst die Seiten einklappen, dann das Fleisch aufrollen und mit Rouladennadeln fixieren.

2 Den Backofen auf 160 Grad (Ober- und Unterhitze) vorheizen. Möhre und Sellerie schälen und grob würfeln. Den Lauch putzen, längs halbieren, gründlich waschen und grob würfeln. 3 EL Öl in einem Bräter auf dem Herd erhitzen, das Gemüse darin ca. 10 Minuten braten und herausnehmen.

3 Übrige Zwiebel schälen, fein würfeln. Rouladen salzen und pfeffern und im Mehl wälzen. Restliches Öl im Bräter erhitzen, die Rouladen darin anbraten und anschließend auf einen Teller setzen. Die Zwiebel im Bratensatz anrösten. Zucker und Tomatenmark zugeben. Unter Rühren ca. 2 Minuten mitrösten. Den Wein zugießen und aufkochen. Brühe und Lorbeerblätter zufügen, die Rouladen wieder in den Bräter setzen. Im heißen Ofen zugedeckt ca. 2 Stunden schmoren. Gemüse nach ca. 1 Stunde zugeben.

4 Aus dem Teig 12 Knödel formen, ca. 25 Minuten vor Garzeitende mit in den Bräter geben und ohne Deckel zu Ende garen. Knödel dabei mehrmals wenden. Rouladen herausnehmen. Stärke mit 1 EL Wasser verrühren und die Sauce damit binden. Mit Salz und Pfeffer abschmecken. Lorbeerblätter entfernen, Rouladen zurück in den Bräter geben und mit gehackten Petersilienblättern servieren.

ZUBEREITUNG	GARGERÄT	ANZAHL	NÄHRWERTE
ca. 3 Stunden	Bräter mit Deckel	4 Portionen	pro Portion ca. 1.194 kcal, 45 g E, 84 g F, 51 g KH

ÜBERBACKENE GNOCCHI-PFANNE

MIT HACKFLEISCH

FÜR 4 PORTIONEN

1	**Zwiebel**
2	**Knoblauchzehen**
1	**Möhre**
1 Stange	**Staudensellerie**
60 g	**Räucherspeck in Scheiben**
3 EL	**Olivenöl**
650 g	**Rinderhackfleisch**
2 EL	**Tomatenmark**
125 ml	**Rotwein (alternativ mehr Hühnerbrühe)**
4 Stiele	**Oregano**
400 g	**stückige Tomaten (aus der Dose)**
200 ml	**Hühnerbrühe**
2	**Lorbeerblätter**
	Salz, Pfeffer
500 g	**Gnocchi (aus dem Kühlregal)**
250 g	**geriebener Mozzarella**
50 g	**geriebener Parmesan**

1 Die Zwiebel und den Knoblauch schälen, beides fein würfeln. Die Möhre schälen, den Sellerie waschen und putzen, beides fein würfeln. Den Speck klein würfeln.

2 In einer großen, ofenfesten Pfanne 2 EL Öl erhitzen. Das Rinderhackfleisch darin portionsweise anbraten und bräunen, dann wieder herausnehmen. Das restliche Öl in der Pfanne erhitzen und die Zwiebel mit dem Speck darin kurz anbraten. Möhre, Sellerie und Knoblauch hinzufügen und alles unter Rühren ca. 6 Minuten garen. Das Tomatenmark einrühren und noch ca. 2 Minuten unter Rühren mit anbraten. Alles mit Wein ablöschen und diesen auf etwa die Hälfte einkochen lassen. Die Oreganoblättchen von den Stielen abzupfen. Tomaten, Brühe, Lorbeerblätter und die Hälfte der Oreganoblättchen zufügen, alles salzen, pfeffern und ca. 25 Minuten garen. Den Backofen auf 220 Grad (Ober- und Unterhitze) vorheizen.

3 Die Lorbeerblätter aus der Sauce entfernen, Hackfleisch und die Gnocchi untermischen, alles mit Mozzarella und Parmesan bestreuen und im heißen Ofen ca. 15 Minuten überbacken. Die Hackfleischpfanne vor dem Servieren leicht mit gemahlenem Pfeffer und den übrigen Oreganoblättchen bestreuen.

TIPP Dazu passt ein frischer gemischter Blattsalat.

ZUBEREITUNG	GARGERÄT	ANZAHL	NÄHRWERTE
ca. 1 Stunde 30 Minuten	große, ofenfeste Pfanne	4 Portionen	pro Portion ca. 862 kcal, 65 g E, 46 g F, 41 g KH

MEDITERRANES LAMM

MIT TOMATEN, PAPRIKA UND FETA

FÜR 4 PORTIONEN

600 g	**kleine Kartoffeln (z. B. Drillinge)**
	Salz, Pfeffer
6 EL	**Olivenöl**
1	**gelbe Paprikaschote**
1	**rote Paprikaschote**
1	**Bio-Zitrone**
250 g	**Kirschtomaten an der Rispe**
2	**rote Zwiebeln**
8	**Lammkoteletts**
100 g	**Kalamata-Oliven**
80 g	**Feta**
4 Stiele	**Thymian zum Garnieren**

1. Den Backofen auf 180 Grad (Ober- und Unterhitze) vorheizen. Die Kartoffeln waschen, längs halbieren und mit Salz und Pfeffer würzen. Kartoffeln mit 2 EL Olivenöl vermengen und auf einem Backblech verteilen.

2. Die Paprikaschoten waschen, halbieren, entkernen und in Streifen schneiden. Die Zitrone heiß waschen und in Spalten schneiden. Die Kirschtomaten waschen. Die roten Zwiebeln schälen und in Spalten schneiden. Das vorbereitete Gemüse dann mit 2 EL Olivenöl vermengen, auf den Kartoffeln verteilen und im heißen Ofen ca. 15 Minuten vorgaren. Danach die Ofentemperatur auf 200 Grad erhöhen.

3. Die Lammkoteletts trocken tupfen, mit dem restlichen Olivenöl bestreichen und auf das Gemüse legen. Die Oliven und den zerbröselten Feta darauf verteilen und alles im heißen Ofen 10–12 Minuten fertig garen, bis das Lamm leicht gebräunt ist und die Kartoffeln gar sind. Mit frischem Thymian garnieren und vom Blech servieren.

ZUBEREITUNG	GARGERÄT	ANZAHL	NÄHRWERTE
ca. 55 Minuten	Backblech	4 Portionen	pro Portion ca. 708 kcal, 56 g E, 39 g F, 32 g KH

Durch seinen hohen Fettanteil ist Bergkäse perfekt zum Überbacken. Der Käse schmilzt leicht und bildet dabei eine würzige Kruste.

SCHWEINENACKEN-AUFLAUF

MIT KARTOFFELN UND BERGKÄSE

FÜR 4 PORTIONEN

½ TL	**getrockneter Majoran**
	Salz, Pfeffer
1 EL	**Paprikapulver, edelsüß**
4	**Schweinenackensteaks (à ca. 150 g)**
400 g	**Zwiebeln**
400 g	**Champignons**
4 EL	**Sonnenblumenöl**
60 g	**Butter**
1 EL	**Kümmelsaat**
100 ml	**Fleischbrühe**
50 g	**Schlagsahne**
1 EL	**flüssiger Honig**
600 g	**Kartoffeln, vorwiegend festkochend**
200 g	**Bergkäse**
1 Prise	**geriebene Muskatnuss**
½ Bund	**Schnittlauch**

1. Den getrockneten Majoran, ½ TL Salz, Pfeffer und Paprikapulver mischen. Die Nackensteaks damit rundherum würzen. Zwiebeln schälen, Champignons putzen und beides in Scheiben schneiden. 2 EL Öl in einem Bräter erhitzen und die Steaks darin von beiden Seiten goldbraun braten. Aus dem Bräter nehmen und beiseitestellen.

2. Das restliche Öl und 40 g Butter in den Bräter geben. Die Zwiebeln darin ca. 10 Minuten braten. Die Kümmelsaat und die Pilze dazugeben und ca. 10 Minuten dünsten. Mit Brühe und Sahne auffüllen und sämig einkochen lassen. Mit Honig und Pfeffer würzen. Den Bräter vom Herd nehmen und die Steaks wieder hineingeben. Den Backofen auf 220 Grad (Ober- und Unterhitze) vorheizen.

3. Die Kartoffeln schälen, grob reiben und in einem Küchentuch gründlich ausdrücken. Den Bergkäse reiben, mit den Kartoffeln mischen und mit Muskatnuss und Salz würzen. Die geriebenen Kartoffeln dann auf den Steaks und dem Gemüse verteilen. Mit der restlichen Butter in Flöckchen belegen und im heißen Ofen 25–30 Minuten goldbraun überbacken. Den Schnittlauch in feine Röllchen schneiden. Den Schweinenacken-Auflauf mit Schnittlauch bestreut servieren.

ZUBEREITUNG	GARGERÄT	ANZAHL	NÄHRWERTE
ca. 1 Stunde 15 Minuten	Bräter	4 Portionen	pro Portion ca. 928 kcal, 51 g E, 66 g F, 31 g KH

KÄSE-LAUCH-SUPPE

MIT HACKFLEISCH

FÜR 4 PORTIONEN

2 Stangen	**Lauch**
1	**Knoblauchzehe**
100 g	**Parmesan**
4 EL	**Sonnenblumenöl**
300 g	**Rinderhackfleisch**
	Salz, Pfeffer
700 ml	**Gemüsebrühe**
150 g	**Schmelzkäse**
100 g	**Crème fraîche**
1 Prise	**Cayennepfeffer**

1 Den Lauch putzen, längs halbieren, gründlich waschen und in ca. ½ cm breite Halbringe schneiden. Den Knoblauch schälen und in dünne Scheiben schneiden. Den Parmesan fein reiben.

2 Das Öl in einem großen Topf erhitzen. Das Hackfleisch darin hellbraun anbraten, dabei mit Salz und Pfeffer würzen. Dann Lauch und Knoblauch dazugeben und 3–4 Minuten mitbraten.

3 Die Gemüsebrühe hinzufügen und alles aufkochen. Suppe zugedeckt bei mittlerer Hitze 8–10 Minuten köcheln lassen. Den Schmelzkäse, Crème fraîche und den geriebenen Parmesan zugeben und unter Rühren schmelzen lassen, dabei nicht mehr kochen. Die Lauchsuppe danach mit Salz und Cayennepfeffer abschmecken. Dazu passt frisches Baguette.

TIPP Wer es gerne etwas schärfer mag, kann zum Schluss ein paar Tropfen Tabasco zur Käse-Lauch-Suppe geben.

ZUBEREITUNG	GARGERÄT	ANZAHL	NÄHRWERTE
ca. 30 Minuten	großer Topf mit Deckel	4 Portionen	pro Portion ca. 585 kcal, 33 g E, 48 g F, 4 g KH

Garam Masala ist eine indische Gewürzmischung aus Koriandersamen, Kreuzkümmel, Kardamom, schwarzen Pfefferkörnern, Nelken, Zimt und Muskatnuss.

LAMMCURRY

MIT BLUMENKOHL UND SÜSSKARTOFFELN

FÜR 4 PORTIONEN

1,4 kg	**Lammkeule mit ausgelöstem Knochen**
400 g	**Zwiebeln**
4	**Knoblauchzehen**
30 g	**frischer Ingwer**
3 EL	**Olivenöl**
	Salz, Pfeffer
500 g	**Blumenkohl**
500 g	**Süßkartoffeln**
400 g	**Kichererbsen (aus der Dose)**
2 ½ EL	**Garam Masala**
½ TL	**Kurkumapulver**
400 g	**passierte Tomaten (aus der Dose)**
1 EL	**frische Minze**

1. Den Backofen auf 160 Grad (Ober- und Unterhitze) vorheizen. Das Lammfleisch in ca. 4 cm große Würfel schneiden. Zwiebeln und Knoblauch schälen und klein schneiden. Den frischen Ingwer schälen und fein reiben. Alles zusammen mit dem Fleisch, dem Knochen und dem Olivenöl in einen Bräter geben. Mit Salz und Pfeffer würzen und zugedeckt im heißen Ofen auf der unteren Schiene ca. 2 Stunden garen.

2. Inzwischen den Blumenkohl waschen, putzen und in Röschen teilen. Die Süßkartoffeln schälen und in ca. 3 cm große Stücke schneiden. Die Kichererbsen abtropfen lassen.

3. Nach dem Ende der Garzeit Garam Masala, Kurkumapulver, passierte Tomaten, Kichererbsen, Blumenkohl und Süßkartoffeln zum Fleisch geben und untermischen. Den Bräter anschließend für ca. 1 weitere Stunde in den Ofen schieben und zu Ende garen. Curry salzen, pfeffern und mit Minze bestreut servieren.

TIPP Lassen Sie den Knochen der Lammkeule an der Bedientheke herausschneiden (auslösen). Kochen Sie den Knochen mit und entfernen Sie ihn vor dem Servieren. Das sorgt für einen kräftigeren Geschmack.

ZUBEREITUNG	GARGERÄT	ANZAHL	NÄHRWERTE
ca. 3 Stunden 20 Minuten	Bräter mit Deckel	4 Portionen	pro Portion ca. 986 kcal, 56 g E, 61 g F, 47 g KH

ZITRONEN-HÄHNCHEN

MIT ROSMARIN

FÜR 4 PORTIONEN

8	**Hähnchenoberkeulen**
	Salz, Pfeffer
1	**Zwiebel**
2	**Knoblauchzehen**
1 Stange	**Lauch**
1	**Bio-Zitrone**
5 Stiele	**Rosmarin**
100 g	**Crème double**
100 ml	**Geflügelbrühe**
100 ml	**Weißwein**
2 EL	**Zitronensaft**

1. Backofen auf 200 Grad (Ober- und Unterhitze) vorheizen. Die Keulen mit Salz und mit Pfeffer würzen und dann mit der Hautseite nach oben in einen Bräter legen. Im heißen Ofen ca. 35 Minuten garen.

2. Die Zwiebel und den Knoblauch schälen und fein würfeln. Den Lauch putzen, längs halbieren, gründlich waschen und in feine Stücke schneiden. In den letzten ca. 10 Minuten alles um die Keulen herum verteilen und mitgaren.

3. Die Bio-Zitrone heiß waschen und dann in dünne Scheiben schneiden. Die Rosmarinstiele waschen und trocken schütteln. Zitronenscheiben und Rosmarin zwischen den Keulen verteilen. Crème double im Becher durchrühren. Brühe, Weißwein, Crème double und Zitronensaft über die Keulen geben. Alles zusammen weitere ca. 20 Minuten fertig garen. Das Zitronenhähnchen aus dem Bräter servieren. Dazu passt frisches Baguette.

TIPP Zu dem Hähnchenfleisch passt auch Orange. Verwenden Sie dann eine Bio-Orange und frisch gepressten Orangensaft. Die Schale der Bio-Früchte können Sie mitessen.

ZUBEREITUNG	GARGERÄT	ANZAHL	NÄHRWERTE
ca. 1 Stunde 15 Minuten	Bräter	4 Portionen	pro Portion ca. 659 kcal, 56 g E, 44 g F, 4 g KH

Spitzkohl gilt als der edle Verwandte des Weißkohls. Er schmeckt milder und eignet sich gut für Eintöpfe und Gemüsepfannen.

SPITZKOHL-HACKFLEISCH-PFANNE

MIT PAPRIKA

FÜR 4 PORTIONEN

700 g	**Spitzkohl**
200 g	**grüne Paprikaschoten**
2	**Lauchzwiebeln**
6 EL	**Olivenöl**
	Salz, Pfeffer
450 g	**gemischtes Hackfleisch**
1	**Lorbeerblatt**
1 TL	**Kümmelsaat**
3 TL	**Paprikapulver, edelsüß**
200 ml	**Rinderbrühe**
40 g	**Schmand**

1 Den Spitzkohl putzen, waschen, längs vierteln und den Strunk herausschneiden. Blätter in ca. 2 cm breite Streifen schneiden. Paprikaschoten halbieren, entkernen und in Streifen schneiden. Die Lauchzwiebeln in feine Ringe schneiden.

2 In einer großen Pfanne 4 EL Öl erhitzen. Paprika und Kohl darin 2–3 Minuten rundherum scharf anbraten, salzen und wieder aus der Pfanne nehmen. Dann das restliche Öl in der Pfanne erhitzen. Das Hackfleisch darin krümelig braten, dabei mit Salz und Pfeffer würzen.

3 Die Hälfte der Lauchzwiebeln, Lorbeerblatt, Kümmelsaat und Paprikapulver hinzufügen und unter Rühren ca. 1 Minute mitbraten. Mit Brühe ablöschen. Kohl und Paprika dazugeben und alles 6–7 Minuten bei mittlerer Hitze schmoren. Die Hälfte des Schmands untermischen, mit Salz und Pfeffer abschmecken und dann mit den restlichen Lauchzwiebeln bestreut servieren. Den übrigen Schmand als Klecks auf die Pfanne geben.

ZUBEREITUNG	GARGERÄT	ANZAHL	NÄHRWERTE
ca. 30 Minuten	große Pfanne	4 Portionen	pro Portion ca. 591 kcal, 29 g E, 44 g F, 11 g KH

HÜHNER-KOKOS-SUPPE

MIT UDON-NUDELN

FÜR 4 PORTIONEN

60 g	**frischer Ingwer**
2	**Bio-Limetten**
3 Stangen	**Zitronengras**
2	**Zwiebeln**
2 l	**Geflügelbrühe**
3	**Lauchzwiebeln**
1	**rote Chilischote**
300 g	**Hähnchenbrustfilet**
6	**Kirschtomaten**
½	**rote Paprikaschote**
80 g	**Austernpilze**
6 Stiele	**Koriander**
60 g	**Mungobohnensprossen**
400 ml	**Kokosnussmilch (aus der Dose)**
4 EL	**Fischsauce**
400 g	**Udon-Nudeln (fertig vorgekocht)**
1 Stiel	**Thaibasilikum**

1. Frischen Ingwer waschen und ungeschält in dünne Scheiben schneiden. 1 Limette heiß waschen, abtrocknen und die Schale mit dem Sparschäler abschälen. Zitronengras flach klopfen. Zwiebeln schälen und grob klein schneiden. Ingwer, die Limettenschale, Zitronengras und Zwiebeln mit der Brühe in einem Topf aufkochen und ca. 30 Minuten bei kleiner Hitze kochen lassen.

2. Inzwischen die Lauchzwiebeln putzen, waschen und in Ringe schneiden. Die Chilischote längs aufschneiden. Das Hähnchenbrustfilet in Streifen schneiden. Die Kirschtomaten waschen und halbieren. Paprika waschen, putzen, entkernen und in Streifen schneiden. Die Pilze in Stücke zupfen. Danach den Koriander grob hacken. Die Sprossen waschen und abtropfen lassen. Die geschälte Limette auspressen. Die übrige Limette heiß waschen und der Länge nach halbieren und in kleine Stücke schneiden.

3. Die Brühe durch ein feines Sieb in eine Schale gießen, mit der Kokosnussmilch zurück in den Topf geben und aufkochen. Fischsauce, Fleisch, Pilze und Chili hinzufügen und bei kleiner Hitze ca. 5 Minuten gar ziehen lassen. Udon-Nudeln, Paprika, Tomaten, Koriander und Lauchzwiebeln zugeben und weitere 4–5 Minuten köcheln lassen.

4. Die Suppe mit 2–3 EL Limettensaft und ggf. etwas mehr Fischsauce abschmecken. Thaibasilikumblätter abzupfen. Die Suppe mit Blättern, Sprossen und Limettenstücken servieren.

ZUBEREITUNG	GARGERÄT	ANZAHL	NÄHRWERTE
ca. 1 Stunde	Topf	4 Portionen	pro Portion ca. 902 kcal, 59 g E, 48 g F, 57 g KH

Durch das Klopfen brechen die Strukturen des Zitronengrases auf. So verteilt sich das Aroma besser.

Weitere Rezepte für
Chili con Carne gibt's hier:
edeka.de/chili-con-carne-rezepte

CHILI CON CARNE

MIT KÄSE-BROT-KRUSTE

FÜR 6 PORTIONEN

1	**Zwiebel**
2	**Knoblauchzehen**
2 Stangen	**Staudensellerie**
1	**große Möhre**
4 Stiele	**Oregano**
4	**kleine Chilischoten**
2 EL	**Olivenöl**
800 g	**Rinderhackfleisch**
1 TL	**Korianderpulver**
1 TL	**gemahlener Kreuzkümmel**
½ TL	**Paprikapulver, geräuchert**
400 g	**stückige Tomaten (aus der Dose)**
350 ml	**Rinderbrühe**
	Salz, Pfeffer
400 g	**schwarze Bohnen (aus der Dose)**
1	**Baguette**
150 g	**geriebener Gouda**

1. Die Zwiebel und den Knoblauch schälen und fein würfeln. Staudensellerie und Möhre waschen, putzen bzw. schälen und beides ebenfalls fein würfeln. Einige Oreganoblättchen zur Seite legen, den Rest grob hacken. Die Chilischoten waschen und fein würfeln.

2. Das Olivenöl in einem ofenfesten Topf erhitzen und das Hackfleisch darin in ca. 7 Minuten kräftig krümelig anbraten. Das vorbereitete Gemüse und die Chilischoten ergänzen und ca. 3 Minuten andünsten. Gehackten Oregano, Korianderpulver, gemahlenen Kreuzkümmel, Paprikapulver, stückige Tomaten und Rinderbrühe hinzufügen. Mit Salz und Pfeffer würzen und das Chili ca. 25 Minuten köcheln lassen.

3. Die Bohnen abgießen, unter kaltem Wasser abspülen, abtropfen lassen und zum Chili geben. Weitere ca. 5 Minuten köcheln lassen. Backofen auf 200 Grad (Ober- und Unterhitze) vorheizen. Das Baguette in dünne Scheiben schneiden und diese fächerartig auf dem Chili auslegen. Den geriebenen Gouda darüberstreuen und den Topf für ca. 20 Minuten in den heißen Ofen stellen. Mit dem restlichen Oregano garniert servieren.

ZUBEREITUNG	GARGERÄT	ANZAHL	NÄHRWERTE
ca. 1 Stunde 30 Minuten	großer, ofenfester Topf	6 Portionen	pro Portion ca. 641 kcal, 50 g E, 35 g F, 31 g KH

PUTEN-BROKKOLI-TOPF

MIT ORZO UND KIRSCHTOMATEN

FÜR 4 PORTIONEN

400 g	**Brokkoli**
5 EL	**Olivenöl**
10	**Kirschtomaten**
2 Stiele	**Petersilie**
1	**kleine Zwiebel**
1	**Knoblauchzehe**
400 g	**Putengeschnetzeltes**
	Salz, Pfeffer
300 g	**Orzo-Nudeln**
50 ml	**Weißwein (alternativ Saft von ½ Zitrone)**
350 ml	**Gemüsebrühe**
200 g	**Schlagsahne**
2 EL	**Frischkäse**
1 Prise	**Zucker**

1. Den Brokkoli waschen, putzen und in Röschen teilen. Den Strunk schälen und in Stücke schneiden. 2 EL Öl in einem Topf erhitzen. Den Brokkoli darin ca. 2 Minuten bei starker Hitze rundherum braten und dann herausnehmen. Die Tomaten waschen und vierteln. Die Petersilie hacken.

2. Die Zwiebel und den Knoblauch schälen und beides fein würfeln. Restliches Öl in dem Topf erhitzen. Putengeschnetzeltes, Zwiebeln und Knoblauch darin 2–3 Minuten rundherum anbraten, dabei mit Salz und Pfeffer würzen. Die Orzo-Nudeln dazugeben und ca. 2 Minuten mitbraten. Mit Weißwein ablöschen und fast vollständig einkochen lassen. Mit Brühe und Sahne auffüllen und bei mittlerer Hitze 15–20 Minuten köcheln lassen.

3. Den Brokkoli, die Tomaten und den Frischkäse untermischen und 3–4 Minuten mitgaren. Die Nudeln mit Salz, Pfeffer und Zucker abschmecken und mit Petersilie bestreut servieren.

TIPP Das Gericht gelingt auch prima mit Hähnchenbrust. Diese dann in Streifen schneiden und wie beschrieben anbraten.

ZUBEREITUNG	GARGERÄT	ANZAHL	NÄHRWERTE
ca. 35 Minuten	Topf	4 Portionen	pro Portion ca. 651 kcal, 40 g E, 25 g F, 65 g KH

Orzo-Nudeln werden auch als Kritharaki oder Risoni bezeichnet und sind kleine, reisförmige Nudeln.

PAPRIKA-SPINAT-TORTILLA

MIT BACON UND FETA

FÜR 4 PORTIONEN

560 g	**junger Blattspinat**
4	**rote Spitzpaprika**
300 g	**Bacon in Streifen**
6 EL	**Sonnenblumenöl**
400 g	**Feta**
12	**Eier (Gr. M)**
	Salz, Pfeffer

1 Den Backofen auf 220 Grad (Umluft 200) vorheizen. Den jungen Blattspinat waschen und trocken schütteln. Dann die Spitzpaprika waschen und in Ringe schneiden. Den Bacon in einer großen, ofenfesten Pfanne in 4 EL Öl anbraten. Paprikaringe hinzugeben und ca. 4 Minuten mitbraten.

2 Den Feta in Stücke teilen. Die Hälfte davon mit den Eiern und 200 ml Wasser pürieren. Mit Salz und Pfeffer würzen. 160 g des vorbereiteten Spinats in die Pfanne geben, zusammenfallen lassen und mit der Eiermischung übergießen. Alles einmal umrühren und danach ca. 20 Minuten im Ofen stocken lassen.

3 Den restlichen Spinat mit dem übrigen Feta, dem restlichen Öl, Salz und Pfeffer mischen. Die Tortilla aus dem Ofen nehmen. Mit dem Spinatsalat anrichten.

TIPP Sie haben noch gegarte Kartoffeln, Zucchini oder auch Kirschtomaten übrig? Die Tortilla eignet sich ganz prima, um Gemüsereste zu verbrauchen. Einfach alles klein schneiden und mit in der Pfanne anbraten.

ZUBEREITUNG	GARGERÄT	ANZAHL	NÄHRWERTE
ca. 35 Minuten	große, ofenfeste Pfanne	4 Portionen	pro Portion ca. 1.151 kcal, 48 g E, 102 g F, 7 g KH

WÜRZIGE HACKFLEISCH-BÄLLCHEN

MIT SPAGHETTI UND TOMATENSAUCE

FÜR 4 PORTIONEN

250 g	**Schweinehackfleisch**
1	**Eigelb**
4–5 EL	**Semmelbrösel**
1 TL	**Chiliflocken**
	Salz, Pfeffer
1	**Knoblauchzehe**
1	**Schalotte**
600 g	**Kirschtomaten**
1 EL	**Fenchelsamen**
5 Stiele	**Thymian**
6 EL	**Olivenöl**
1 Prise	**Zucker**
400 g	**Spaghetti Chitarra**
600 ml	**Gemüsebrühe**
4 EL	**getrocknete schwarze Oliven**
40 g	**fein geriebener Parmesan**

1. Hackfleisch, Eigelb, Semmelbrösel, 1 Prise Chiliflocken, ½ TL Salz und Pfeffer zu einer glatten Masse verkneten. Aus der Masse kleine Bällchen formen und ca. 10 Minuten kalt stellen.

2. Inzwischen Knoblauch und Schalotte schälen und beides fein würfeln. Die Tomaten waschen und halbieren. Fenchelsamen kurz in einem großen Topf ohne Fett anrösten und herausnehmen. Die Thymianblättchen abzupfen.

3. Im selben Topf 4 EL Öl erhitzen. Die Bällchen darin portionsweise 10 Minuten rundherum braten und danach herausnehmen. Übriges Öl in den Topf geben und erhitzen. Knoblauch und Schalotte darin glasig dünsten. Kirschtomaten mit der Hälfte der Fenchelsamen und des Thymians dazugeben, unterrühren und kurz garen. Dabei mit Salz und Pfeffer sowie Zucker würzen.

4. Spaghetti und Brühe mit in den Topf geben. Regelmäßig umrühren. Die Spaghetti bissfest garen. Ggf. mehr Gemüsebrühe hinzufügen. Dann die Oliven und Hackfleisch-Bällchen zugeben, vorsichtig mischen und 2–3 Minuten unter Rühren garen. Mit den übrigen Chiliflocken, geriebenem Parmesan, restlichen Fenchelsamen und restlichem Thymian bestreut servieren.

ZUBEREITUNG	GARGERÄT	ANZAHL	NÄHRWERTE
ca. 40 Minuten	großer Topf	4 Portionen	pro Portion ca. 707 kcal, 33 g E, 26 g F, 82 g KH

Tajine ist ein nordafrikanisches Schmorgericht, das oft auch in einem gleichnamigen Lehmgefäß gegart wird.

HÄHNCHEN-COUSCOUS-TAJINE

MIT GRANATAPFELKERNEN

FÜR 4 PORTIONEN

40 g	**frischer Ingwer**
1 TL	**Kurkumapulver**
½ TL	**Zimtpulver**
½ TL	**Paprikapulver, rosenscharf**
6 EL	**Olivenöl**
6	**Hähnchenoberkeulen (ohne Knochen)**
2	**rote Zwiebeln**
2	**Knoblauchzehen**
2	**rote Spitzpaprika**
1	**Fenchelknolle**
4 EL	**Mandeln (mit Haut)**
40 g	**getrocknete Aprikosen**
	Salz, Pfeffer
650 ml	**Hühnerbrühe**
250 g	**Couscous (Instant)**
1 Bund	**glatte Petersilie**
4 EL	**Granatapfelkerne**

1. Den Ingwer schälen, reiben und in einem Gefrierbeutel mit Kurkuma-, Zimt- und Paprikapulver sowie 3 EL Öl mischen. Die Keulen zugeben, vermengen und ca. 30 Minuten marinieren.

2. Die Zwiebeln schälen, halbieren und in Spalten schneiden. Knoblauch schälen und würfeln. Die Paprika waschen, putzen, entkernen und in ca. 2 cm große Stücke schneiden. Fenchel waschen, putzen und in Spalten schneiden. Die Mandeln grob hacken. Die Aprikosen vierteln.

3. Das Fleisch aus dem Gefrierbeutel nehmen. Restliches Öl in einem heißen Bräter erhitzen und die Keulen darin rundherum ca. 5 Minuten goldbraun anbraten, dabei salzen und pfeffern. Zwiebeln und Knoblauch zugeben und ca. 2 Minuten mitbraten. Die Brühe zugießen, aufkochen und die Keulen zugedeckt bei mittlerer Hitze ca. 25 Minuten schmoren.

4. Couscous, Aprikosen, Fenchel und Paprika in die Brühe geben und mit Deckel weitere 15–20 Minuten bei milder Hitze mitgaren. Petersilie grob hacken. Tajine mit Salz und Pfeffer abschmecken. Mit Mandeln, Granatapfelkernen und Petersilie bestreut servieren.

ZUBEREITUNG	GARGERÄT	ANZAHL	NÄHRWERTE
ca. 1 Stunde 30 Minuten	Bräter mit Deckel	4 Portionen	pro Portion ca. 1.154 kcal, 74 g E, 67 g F, 62 g KH

GULASCH-EINTOPF

MIT KARTOFFELN UND PAPRIKA

FÜR 4 PORTIONEN

2	**Zwiebeln**
3	**Paprikaschoten (2 rote und 1 gelbe)**
750 g	**Rindfleisch aus der Schulter**
	Salz, Pfeffer
3 EL	**Mehl**
5 EL	**Butterschmalz**
4 EL	**Tomatenmark**
1 EL	**Paprikapulver, rosenscharf**
4 EL	**Paprikapulver, edelsüß**
1 EL	**Apfelessig**
2	**Lorbeerblätter**
1,2 l	**Fleischbrühe**
500 g	**Kartoffeln, vorwiegend festkochend**
2	**Knoblauchzehen**
6 Stiele	**Petersilie**
1 EL	**abgeriebene Bio-Zitronenschale**
1 TL	**Kümmelsaat**

1. Die Zwiebeln schälen und in feine Würfel schneiden. Paprikaschoten waschen, vierteln, entkernen und dann in feine Würfel schneiden. Das Fleisch in ca. 2 cm große Würfel schneiden, mit Salz und Pfeffer würzen und im Mehl wenden.

2. Butterschmalz in einem großen Topf erhitzen und Zwiebeln darin goldgelb braten. Paprika dazugeben und ca. 1 Minute mitbraten. Das Tomatenmark und beide Sorten Paprikapulver untermischen, kurz anrösten und mit Essig ablöschen. Fleisch und Lorbeerblätter hinzufügen, die Brühe angießen und aufkochen. Zugedeckt bei mittlerer Hitze 70–80 Minuten schmoren.

3. In der Zwischenzeit die Kartoffeln schälen, waschen und in ca. 2 cm große Würfel schneiden. Die Kartoffelwürfel nach ca. 30 Minuten in den Topf geben und weich garen.

4. Knoblauch schälen, mit Petersilie und Zitronenschale hacken, dann mit Kümmelsaat und etwas Salz mischen. Kurz vor Ende der Garzeit zum Gulasch geben, mit Salz und Pfeffer abschmecken. Die Lorbeerblätter vor dem Servieren entfernen.

ZUBEREITUNG	GARGERÄT	ANZAHL	NÄHRWERTE
ca. 1 Stunde 30 Minuten	großer Topf mit Deckel	4 Portionen	pro Portion ca. 811 kcal, 59 g E, 48 g F, 35 g KH

Lust auf vegetarisches Gulasch?
Das Rezeptvideo gibt's hier:
edeka.de/kuerbisgulasch

ERBSEN-NUDEL-TOPF

MIT SAHNE UND SPECK

FÜR 4 PORTIONEN

1	**Zwiebel**
100 g	**Speck**
1 EL	**Olivenöl**
400 g	**Penne**
1 l	**Gemüsebrühe**
50 g	**Schlagsahne**
75 g	**körniger Frischkäse**
1 EL	**abgeriebene Bio-Zitronenschale**
75 g	**TK-Erbsen (aufgetaut)**
	Salz, Pfeffer
60 g	**geriebener Parmesan**

1. Die Zwiebel schälen und zusammen mit dem Speck in Würfel schneiden. Das Olivenöl in einem großen Topf erhitzen und beides darin anbraten. Penne und Brühe hinzufügen und alles unter ständigem Rühren ca. 12 Minuten köcheln lassen.

2. Sahne, körnigen Frischkäse, Zitronenschale und die Erbsen ergänzen, noch kurz weitergaren und mit Salz und Pfeffer abschmecken. Den Erbsen-Nudel-Topf mit dem geriebenen Parmesan bestreuen und servieren.

TIPP Statt mit Speck lässt sich der Erbsen-Nudel-Topf auch mit gewürfeltem Kochschinken verfeinern. Den Schinken dann zum Ende mit den Erbsen zusammen hinzufügen.

ZUBEREITUNG	GARGERÄT	ANZAHL	NÄHRWERTE
ca. 30 Minuten	großer Topf	4 Portionen	pro Portion ca. 713 kcal, 23 g E, 33 g F, 80 g KH

THAI-HÄHNCHEN

MIT BOHNEN UND BASMATIREIS

FÜR 6 PORTIONEN

4 Stangen	**Zitronengras**
4 EL	**Erdnussöl**
200 g	**Basmatireis**
	Salz
400 ml	**Hühnerbrühe**
300 g	**TK-Prinzessbohnen**
2	**Chilischoten**
7	**kleine Maiskolben (aus dem Glas)**
2–3	**Bio-Limetten**
40 g	**Erdnusskerne**
2 EL	**Fischsauce**
1 EL	**Sojasauce**
2 EL	**Austernsauce**
6	**Hähnchenoberkeulen**
1 EL	**rote Currypaste**
4 Stiele	**Minze zum Garnieren**
1	**Lauchzwiebel**

1. Das Zitronengras von den äußeren Blättern befreien und in möglichst feine Röllchen schneiden. Den Backofen auf 180 Grad (Ober- und Unterhitze) vorheizen, dabei einen großen Bräter oder eine Fettpfanne mit aufheizen. 2 EL Erdnussöl und den Reis in der Form verteilen und unter gelegentlichem Rühren andünsten. Den Reis salzen, das Zitronengras dazugeben und mit der Gemüsebrühe ablöschen. Zugedeckt ca. 15 Minuten im heißen Ofen garen.

2. In der Zwischenzeit die Bohnen auftauen lassen. Chilischoten waschen, putzen und in Ringe schneiden, ggf. die Kerne entfernen, wenn es nicht so scharf sein soll. Die Maiskolben abtropfen lassen und klein schneiden. Limetten heiß waschen und in dicke Scheiben schneiden. Erdnusskerne grob hacken. Fischsauce, Sojasauce und Austernsauce verrühren.

3. Den Deckel vom Bräter nehmen, Maiskolben, Bohnen, Chilischoten, Limettenscheiben und Erdnüsse auf dem Reis verteilen. Danach mit der Würzsaucenmischung beträufeln und alles vermengen. Die Hähnchenkeulen darauflegen und dünn mit der Currypaste bestreichen. Die Ofenhitze auf 160 Grad reduzieren und alles ca. 25 Minuten fertig garen. Minzblättchen von den Stielen zupfen. Die Lauchzwiebel waschen, putzen und in Ringe schneiden. Thai-Hähnchen mit Lauchzwiebelringen und Minze garnieren und servieren.

ZUBEREITUNG	GARGERÄT	ANZAHL	NÄHRWERTE
ca. 1 Stunde 5 Minuten	großer Bräter mit Deckel	6 Portionen	pro Portion ca. 577 kcal, 38 g E, 33 g F, 30 g KH

16
REZEPTE

ALLES MIT FISCH

Scharfe Garnelen in kräftiger Brühe, Thunfisch mit Pasta und knusprig überbackene Fischfilets – mit ihrer kurzen Garzeit eignen sich Fisch und Meeresfrüchte perfekt für schnelle One-Pot-Gerichte. Sie passen auch sehr gut zu Hülsenfrüchten und zu mediterranem oder deftigem Gemüse.

ÜBERBACKENER SEELACHS

MIT PETERSILIENKRUSTE UND ZUCCHINI

FÜR 4 PORTIONEN

600 g	**Zucchini**
10	**kleine Tomaten**
1	**Bio-Zitrone**
800 g	**Seelachsfilet**
4 EL	**Olivenöl**
	Salz, Pfeffer
2 Bund	**Petersilie**
4 EL	**Röstzwiebeln**
6 Scheiben	**Toastbrot**
6 EL	**weiche Butter**
½ TL	**Paprikapulver, edelsüß**

1. Den Backofen auf 220 Grad (Umluft) vorheizen. Die Zucchini waschen und in Würfel schneiden. Die Tomaten waschen und halbieren. Die Zitrone heiß waschen und trocken reiben. Die Schale fein abreiben und die Frucht auspressen. Das Fischfilet unter kaltem Wasser abbrausen, trocken tupfen und in 4 Stücke teilen. Zucchini, Tomaten und Seelachsfilets in einer flachen Auflaufform verteilen. Mit Öl beträufeln und mit Salz und Pfeffer sowie mit Zitronensaft würzen.

2. Einige Petersilienblättchen zum Garnieren beiseitelegen und den Rest hacken. Die Röstzwiebeln zerdrücken, mit der gehackten Petersilie und der abgeriebenen Zitronenschale mischen. Die Toastbrotscheiben fein hacken. Die Petersilien-Mischung und die Brotkrümel mit der weichen Butter mischen. Anschließend mit Salz, Pfeffer und Paprikapulver würzen.

3. Die Petersilien-Brot-Mischung auf dem Fisch und dem Gemüse verteilen und dann auf der obersten Einschubleiste ca. 13 Minuten gratinieren. Mit übrigen Petersilienblättchen garnieren und servieren.

TIPP Statt Seelachs können Sie für dieses Rezept auch andere Weißfische wie Kabeljau, Zander, Rotbarsch oder Lengfisch verwenden.

ZUBEREITUNG	GARGERÄT	ANZAHL	NÄHRWERTE
ca. 30 Minuten	flache Auflaufform	4 Portionen	pro Portion ca. 492 kcal, 43 g E, 21 g F, 38 g KH

GARNELEN-TAGLIATELLE

MIT KAPERN UND OLIVEN

FÜR 4 PORTIONEN

400 g	**Tomaten**
2	**Knoblauchzehen**
1	**Schalotte**
1	**Chilischote**
400 g	**Garnelen (küchenfertig)**
4 Stiele	**Petersilie**
5 EL	**Olivenöl**
	Salz, Pfeffer
100 ml	**Weißwein (alternativ mehr Gemüsebrühe)**
700 ml	**Gemüsebrühe**
1 Prise	**Zucker**
400 g	**Tagliatelle**
2 EL	**Kapern**
100 g	**Kalamata-Oliven**

1. Die Tomaten waschen und halbieren. Tomaten mit der Schnittfläche auf eine Vierkantreibe legen und bis auf die Tomatenhaut reiben. Den Knoblauch schälen und fein hacken. Schalotte schälen und fein würfeln. Die Chilischote waschen und in Ringe schneiden. Die Garnelen unter kaltem Wasser abbrausen, trocken tupfen und längs bis zur Schwanzflosse halbieren. Die Petersilie mitsamt den zarten Stielen hacken.

2. Die Garnelen mit 2 EL Öl mischen und mit Salz und Pfeffer würzen. Einen großen Topf erhitzen, dann die Garnelen darin ca. 2 Minuten rundherum scharf anbraten und wieder herausnehmen. Restliches Öl in den Topf geben und den Knoblauch und die Schalotten darin hellgelb braten. Chili und Tomaten hinzufügen und kurz mitbraten. Mit Weißwein und Gemüsebrühe ablöschen. Dabei mit Salz, Pfeffer und Zucker würzen.

3. Die Nudeln in den Topf geben und in der Sauce sehr bissfest garen. Kapern, Oliven und die Hälfte der Petersilie zugeben und bei mittlerer Hitze weitere ca. 2 Minuten garen. Dabei mehrmals umrühren. Die Garnelen und ggf. etwas mehr Brühe hinzufügen. 2–3 Minuten garen, bis die Nudeln den gewünschten Biss haben. Mit Salz und Pfeffer abschmecken und mit der restlichen Petersilie bestreut servieren.

TIPP Statt Weißwein können Sie auch 100 ml Apfelsaft (ohne Zuckerzusatz) verwenden oder den Anteil der Gemüsebrühe auf 800 ml erhöhen.

ZUBEREITUNG	GARGERÄT	ANZAHL	NÄHRWERTE
ca. 35 Minuten	großer Topf	4 Portionen	pro Portion ca. 742 kcal, 34 g E, 28 g F, 84 g KH

Roh sind Kapern extrem bitter.
Erst durch das Einlegen in Salz, Essig
oder Öl werden sie genießbar.

SIZILIANISCHE FISCHPFANNE

MIT TOMATEN, OLIVEN UND KAPERN

FÜR 4 PORTIONEN

1	**rote Zwiebel**
2	**Knoblauchzehen**
1	**Chilischote**
60 g	**schwarze Oliven**
1 EL	**Kapern (aus dem Glas)**
500 g	**Kabeljaufilet**
1	**rote Spitzpaprika**
2	**Bio-Orangen**
3 EL	**Olivenöl**
	Meersalz, Pfeffer
400 g	**stückige Tomaten (aus der Dose)**
1 EL	**Zitronensaft**
1 Prise	**Zucker**
2 Stiele	**Petersilie**
2 Stiele	**Thymian**

1. Die rote Zwiebel schälen und in schmale Streifen schneiden. Knoblauch schälen, Chilischote waschen und putzen, beides sehr fein hacken. Oliven und Kapern klein schneiden. Den Fisch unter kaltem Wasser abbrausen, trocken tupfen und in mundgerechte Stücke schneiden. Die Paprika waschen, putzen und in schmale Streifen schneiden. Die Orangen heiß waschen und trocken reiben. Die Schale von einer Orange fein abreiben und die Frucht auspressen. Die zweite Orange in Scheiben schneiden.

2. Das Öl in einer großen Pfanne erhitzen. Orangenscheiben darin kurz von beiden Seiten anbraten und herausnehmen. Dann Zwiebel, Paprika, Chili und Knoblauch in der Pfanne anbraten. Mit Salz, Pfeffer und der abgeriebenen Orangenschale würzen. Mit den stückigen Tomaten und dem Orangensaft aufgießen und unter gelegentlichem Rühren aufkochen. Zwei Drittel der Oliven und der Kapern zufügen. Die Sauce mit Salz, Zitronensaft und Zucker abschmecken. Den Fisch dazugeben und in der Sauce ca. 5 Minuten gar ziehen lassen.

3. Inzwischen die Kräuter hacken. Die Fischpfanne mit den restlichen Oliven, Kapern und den Kräutern bestreuen. Mit den angebratenen Orangenscheiben garnieren und servieren.

ZUBEREITUNG	GARGERÄT	ANZAHL	NÄHRWERTE
ca. 30 Minuten	große Pfanne	4 Portionen	pro Portion ca. 280 kcal, 24 g E, 15 g F, 11 g KH

RÄUCHERMAKRELEN-SUPPE

MIT BRAUNEN LINSEN

FÜR 4 PORTIONEN

1	**Räuchermakrele (ca. 400 g)**
1 ½ l	**Geflügelbrühe**
5 Stiele	**Kerbel**
1 Bund	**Dill**
100 g	**Schalotten**
100 g	**Lauch**
150 g	**Kartoffeln, vorwiegend festkochend**
2 EL	**Butter**
100 ml	**Weißwein (alternativ Saft von ½ Zitrone)**
2 EL	**grober Senf**
150 g	**Schlagsahne**
200 g	**braune Linsen (aus der Dose)**
	Salz, Pfeffer
1 Prise	**Zucker**
1	**Baguettebrot**

1. Die Räuchermakrele entgräten und filetieren. Kopf, Haut, Gräten und ein Drittel der Filets mit der Brühe in einen großen Topf geben und ca. 15 Minuten köcheln lassen. Kerbel und die Hälfte vom Dill ca. 3 Minuten vor Ende der Garzeit hinzufügen. Die Brühe anschließend durch ein feines Sieb gießen und in einer Schüssel auffangen.

2. Die Schalotten schälen, den Lauch putzen, längs halbieren, gründlich waschen und dann beides fein würfeln. Die Kartoffeln schälen und ebenfalls fein würfeln. Die Butter in demselben Topf erhitzen. Schalotten, Lauch und Kartoffeln darin ca. 8 Minuten weich dünsten. Mit Wein auffüllen und fast vollständig einkochen lassen. Den Senf und die Makrelen-Brühe zugeben, aufkochen und ca. 5 Minuten köcheln lassen.

3. Inzwischen die Sahne steif schlagen. Die restlichen Dillspitzen von den Stielen abzupfen und grob schneiden. Linsen abtropfen lassen. Restliche Makrelenfilets in Stücke zupfen.

4. Die Suppe sehr fein pürieren. Die geschlagene Sahne untermischen und alles mit Salz, Pfeffer sowie Zucker würzen. Die Linsen dazugeben und kurz in der Suppe erwärmen. Die Makrelenstücke und den Dill zufügen. Die Suppe mit dem Baguettebrot servieren.

TIPP Statt geräucherter Makrele können Sie alternativ auch geräucherte Forelle oder Lachsforelle verwenden.

ZUBEREITUNG	GARGERÄT	ANZAHL	NÄHRWERTE
ca. 45 Minuten	großer Topf	4 Portionen	pro Portion ca. 997 kcal, 55 g E, 59 g F, 55 g KH

Ein Rezept für
Naan-Brote gibt's hier:
edeka.de/naan-brot

FISCHCURRY

MIT ZUCKERSCHOTEN UND KOKOSRASPELN

FÜR 4 PORTIONEN

20 g	**frischer Ingwer**
2	**Knoblauchzehen**
1 EL	**Tomatenmark**
1 Prise	**Chilipulver**
1 EL	**Garam Masala**
1 TL	**gemahlener Kreuzkümmel**
1 TL	**gemahlener Koriander**
4 EL	**Kokosraspel**
2 EL	**gemahlene Mandeln**
	Salz, Pfeffer
1 Prise	**Zucker**
4	**Lauchzwiebeln**
250 g	**Kirschtomaten**
150 g	**Zuckerschoten**
8 Stiele	**Koriander**
1	**Bio-Limette**
600 g	**Zanderfilet (mit Haut)**
4 EL	**Sonnenblumenöl**
400 g	**Kokosnussmilch (aus der Dose)**

1. Ingwer und Knoblauch schälen. Beides fein reiben und mit Tomatenmark, Chilipulver, Garam Masala, gemahlenem Kreuzkümmel, gemahlenem Koriander, Kokosraspeln und Mandeln mischen. Die Currypaste mit Salz, Pfeffer und Zucker würzen.

2. Lauchzwiebeln putzen, waschen und in Ringe schneiden. Die Tomaten waschen und halbieren. Die Zuckerschoten waschen und putzen. Den Koriander grob hacken.

3. Die Limette heiß waschen und trocken tupfen. Die Schale fein abreiben, die Frucht danach auspressen. Das Fischfilet unter kaltem Wasser abbrausen, trocken tupfen, in 4 Stücke teilen und auf der Fleischseite mit Limettenschale und Salz würzen. Die Hautseite ebenfalls leicht salzen. 2 EL Öl in einer beschichteten Pfanne mit hohem Rand erhitzen. Den Fisch darin auf der Hautseite bei milder Hitze ca. 5 Minuten braten. Danach mit einem Pfannenwender herausnehmen und mit der Hautseite nach oben auf einen Teller setzen.

4. Das restliche Öl in die Pfanne geben und erhitzen. Tomaten und Lauchzwiebeln darin kurz anbraten. Die selbst gemachte Currypaste dazugeben und ca. 1 Minute unter Rühren anrösten. Mit 100 ml Wasser und Kokosnussmilch auffüllen und aufkochen. Dann die Zuckerschoten zufügen. Fisch mit der Hautseite nach oben in die Sauce setzen und ca. 4 Minuten zu Ende garen. Das Curry mit Limettensaft und Salz abschmecken und mit Koriander bestreut servieren. Dazu schmecken Naan-Brote.

ZUBEREITUNG	GARGERÄT	ANZAHL	NÄHRWERTE
ca. 35 Minuten	große Pfanne mit hohem Rand	4 Portionen	pro Portion ca. 488 kcal, 34 g E, 34 g F, 10 g KH

NUDEL-PAELLA

MIT CHORIZO UND MEERESFRÜCHTEN

FÜR 4 PORTIONEN

300 g	**TK-Meeresfrüchte-Mix**
200 g	**Zwiebeln**
2	**Knoblauchzehen**
300 g	**Kirschtomaten**
4 Stiele	**Petersilie**
1	**Chorizo (scharfe, mit Paprika und Knoblauch gewürzte Rohwurst)**
4 EL	**Olivenöl**
400 g	**Fideuà-Nudeln oder Gabelspaghetti**
2	**Lorbeerblätter**
80 ml	**Weißwein (alternativ Saft von ½ Zitrone)**
1,2 l	**heiße Geflügelbrühe**
2 Stiele	**Rosmarin**
	Salz, Pfeffer
2 Prisen	**Zucker**
2 EL	**Zitronensaft**

1. Meeresfrüchte-Mix in einem Sieb auftauen und abtropfen lassen. Inzwischen die Zwiebeln schälen und fein würfeln. Den Knoblauch schälen und andrücken. Die Kirschtomaten waschen und halbieren. Die Petersilienblätter von den Stielen abzupfen und grob hacken. Die Chorizo fein würfeln.

2. Das Olivenöl in einem Topf erhitzen. Nudeln, Chorizo, Knoblauch und Lorbeerblätter darin unter Rühren ca. 8–10 Minuten goldbraun rösten. Die Zwiebeln hinzufügen und glasig dünsten. Die Tomaten zugeben und kurz mitbraten. Mit dem Weißwein ablöschen und fast vollständig einkochen lassen. Die heiße Brühe, Rosmarin und die Hälfte der Petersilie dazugeben und alles mit Salz, Pfeffer und Zucker würzen. Unter häufigem Rühren 20–25 Minuten garen, bis die Nudeln weich sind und die Sauce leicht gebunden ist.

3. Den Meeresfrüchte-Mix hinzufügen und ca. 4 Minuten mitgaren. Dann die Nudel-Paella mit Salz, Pfeffer, Zucker und Zitronensaft abschmecken. Lorbeerblätter und Rosmarinstiele wieder entfernen. Die Nudel-Paella mit der restlichen Petersilie bestreut servieren.

ZUBEREITUNG	GARGERÄT	ANZAHL	NÄHRWERTE
ca. 45 Minuten	großer Topf	4 Portionen	pro Portion ca. 1.063 kcal, 56 g E, 54 g F, 82 g KH

Paella ist ein spanisches Traditionsgericht, das normalerweise mit Reis, Safran, Gemüse und verschiedenen Meeresfrüchten oder Fleischarten zubereitet wird.

ASIATISCHER OFENLACHS

MIT GRÜNEM SPARGEL UND PAPRIKA

FÜR 4 PORTIONEN

10 g	**frischer Ingwer**
2 EL	**helle Misopaste**
1 ½ EL	**Mirin (süßer Reiswein)**
2 EL	**Sweet-Chili-Sauce**
1 EL	**Sojasauce**
1 EL	**Limettensaft**
500 g	**grüner Spargel**
200 g	**Lauchzwiebeln**
1	**rote Paprikaschote**
800 g	**Lachsfilet**
2 EL	**Sesam**
2	**Bio-Limetten**
5 Stiele	**Koriander zum Garnieren**

1. Den Ingwer schälen und fein reiben. Misopaste, Mirin, Sweet-Chili-Sauce, Sojasauce, Limettensaft und den frisch geriebenen Ingwer miteinander zu einer Marinade verrühren. Den Backofen auf 200 Grad (Ober- und Unterhitze) vorheizen und eine Auflaufform mit Backpapier auslegen.

2. Den grünen Spargel waschen, holzige Enden abschneiden und ggf. im unteren Drittel schälen. Die Lauchzwiebeln waschen und putzen. Die Paprikaschote waschen, putzen und in Streifen schneiden. Das Lachsfilet unter kaltem Wasser abbrausen, trocken tupfen und in 4 Stücke schneiden.

3. Gemüse in der Form mischen und die Lachsstücke daraufsetzen. Den Fisch mit der Marinade bepinseln und mit Sesam bestreuen. Im heißen Ofen ca. 20 Minuten garen. Die Limetten heiß waschen und in Spalten schneiden. Fisch und Gemüse mit Koriander garnieren und mit Limettenspalten servieren. Dazu passt Baguette oder Fladenbrot.

TIPP Statt grünem können Sie als Alternative weißen Spargel verwenden. Außerhalb der Saison von grünem und weißem Spargel passen aber auch Brokkoli, Möhren und Zucchini zu diesem Rezept.

ZUBEREITUNG	GARGERÄT	ANZAHL	NÄHRWERTE
ca. 40 Minuten	Auflaufform	4 Portionen	pro Portion ca. 528 kcal, 45 g E, 34 g F, 8 g KH

CEVICHE

MIT KABELJAU UND AVOCADO

FÜR 4 PORTIONEN

350 g	**Kabeljaufilet, ganz frisch**
2	**Chilischoten**
4	**Limetten**
1	**Orange**
1 TL	**Meersalzflocken**
4	**Tomaten**
2	**Avocados**
1	**rote Zwiebel**
1 Stange	**Staudensellerie**
3 Stiele	**Koriander**
	grob gemahlener, schwarzer Pfeffer
3 EL	**Olivenöl**

1. Das Kabeljaufilet unter kaltem Wasser abbrausen, trocken tupfen und mit einem scharfen Messer quer in sehr dünne Scheiben schneiden. Den Fisch in eine flache Form oder in eine flache Schale geben. Chilischoten waschen, halbieren, putzen und fein würfeln. Die Limetten und die Orange auspressen und den Saft dann mit den Chiliwürfeln und den Meersalzflocken verrühren. Die Mischung über die Fischscheiben träufeln und mit Frischhaltefolie zugedeckt ca. 2 Stunden kalt stellen.

2. In der Zwischenzeit die Tomaten kreuzweise einritzen und mit kochendem Wasser überbrühen, dann häuten, entkernen und fein würfeln. Die Avocados halbieren, entkernen, schälen und das Fruchtfleisch danach in feine Scheiben schneiden. Zwiebel schälen und fein würfeln. Den Sellerie waschen, putzen und ebenfalls in feine Würfel schneiden. Die Korianderblätter von den Stielen zupfen.

3. Die vorbereiteten Zutaten zum Fisch geben. Alles mit Meersalzflocken und grob gemahlenem Pfeffer würzen, vorsichtig durchmischen und mit dem Olivenöl beträufeln. Die Ceviche auf Tellern anrichten und servieren.

TIPP Für Ceviche eignen sich vor allem weiße Fischsorten wie Kabeljau, Wolfsbarsch, Dorade oder Flunder. Thunfisch und auch den fetthaltigeren Lachs können Sie ebenfalls sehr gut verwenden.

ZUBEREITUNG	GARGERÄT	ANZAHL	NÄHRWERTE
ca. 30 Minuten + Kühlzeit	flache Form	4 Portionen	pro Portion ca. 408 kcal, 19 g E, 32 g F, 10 g KH

Ceviche stammt aus der peruanischen Küche. Wichtigste Zutat ist ganz frischer roher Fisch, der mit Zitrussaft und Salz mariniert, aber nicht gekocht wird.

NUDEL-AUFLAUF

MIT THUNFISCH UND OLIVEN

FÜR 4 PORTIONEN

400 g	**Fusilli**
400 ml	**Gemüsebrühe**
200 g	**Schlagsahne**
	Salz, Pfeffer
2	**Knoblauchzehen**
1	**gelbe Paprikaschote**
300 g	**Kirschtomaten**
370 g	**Thunfisch im eigenen Saft (aus der Dose)**
80 g	**schwarze Oliven ohne Stein**
150 g	**geriebener Mozzarella**

1 Backofen auf 180 Grad (Ober- und Unterhitze) vorheizen. Die Fusilli in einer Auflaufform verteilen. Die Brühe und die Sahne verrühren und mit Salz und Pfeffer würzen.

2 Knoblauch schälen und klein schneiden. Die Paprikaschote waschen, putzen und in feine Würfel schneiden. Die Tomaten waschen und halbieren. Den Thunfisch abtropfen lassen und zerpflücken. Oliven in Scheiben schneiden. Knoblauch, Paprika, Tomaten, Thunfisch und Oliven mit den Nudeln vermischen. Die Sahnemischung darübergießen. Die Nudeln sollten von der Flüssigkeit bedeckt sein, ggf. etwas mehr Flüssigkeit angießen. Alles mit dem geriebenen Mozzarella bestreuen und im heißen Ofen 40–45 Minuten garen. In der Auflaufform servieren.

ZUBEREITUNG	GARGERÄT	ANZAHL	NÄHRWERTE
ca. 60 Minuten	Auflaufform	4 Portionen	pro Portion ca. 833 kcal, 34 g E, 41 g F, 82 g KH

OFEN-ROTBARSCH

MIT ROSENKOHL UND TOMATEN

FÜR 4 PORTIONEN

800 g	**Rosenkohl**
2–3	**Zucchini**
4 EL	**Olivenöl**
	Salz, Pfeffer
1 Prise	**geriebene Muskatnuss**
1 Handvoll	**gemischte Kräuter (z. B. glatte Petersilie, Schnittlauch, Dill)**
4	**Rotbarschfilets (oder ein anderer Weißfisch)**
35 g	**weiche Butter**
6	**Kirschtomaten**

1 Backofen auf 200 Grad (Ober- und Unterhitze) vorheizen. Rosenkohl waschen, putzen und halbieren. Zucchini waschen und längs in dünne Scheiben schneiden. Beides mit dem Olivenöl vermengen und mit Salz, Pfeffer und Muskatnuss würzen. Die Mischung auf einem mit Backpapier belegten Backblech verteilen. Im heißen Ofen ca. 15 Minuten vorgaren.

2 In der Zwischenzeit die Kräuter klein schneiden. Den Fisch unter kaltem Wasser abbrausen, trocken tupfen, mit der Butter bestreichen und mit Salz und Pfeffer würzen. Tomaten waschen und mit einem Messer kreuzförmig einschneiden. Den Fisch auf dem Ofenblech zwischen das Gemüse setzen, Tomaten und Kräuter darauf verteilen und weitere ca. 15 Minuten fertig garen. Alles mit dem Backpapier auf ein Tablett oder eine Servierplatte ziehen und servieren.

ZUBEREITUNG	GARGERÄT	ANZAHL	NÄHRWERTE
ca. 60 Minuten	Backblech	4 Portionen	pro Portion ca. 368 kcal, 35 g E, 21 g F, 9 g KH

LAUCHQUICHE

MIT RÄUCHERLACHS

FÜR 4 PORTIONEN

2 Stangen	**Lauch**
	Salz, Pfeffer
1 TL	**Zucker**
200 g	**Schmand**
100 g	**Frischkäse**
4	**Eier (Gr. M)**
1 Prise	**geriebene Muskatnuss**
2 EL	**weiche Butter**
1 Packung	**Quiche-Teig (aus dem Kühlregal)**
6	**Radieschen**
1	**kleiner Apfel**
1	**Schalotte**
3 Stiele	**Dill**
1 Stück	**frischer Meerrettich**
200 g	**Räucherlachs in Scheiben**
1 EL	**Sonnenblumenöl**
2 EL	**Apfelessig**

1. Den Lauch putzen, längs halbieren, gründlich waschen und in feine Ringe schneiden. Auf dem Brett mit 1 TL Salz und dem Zucker mischen. Ca. 15 Minuten ziehen lassen.

2. Backofen auf 220 Grad (Ober- und Unterhitze) vorheizen. Schmand, Frischkäse und Eier verrühren und mit Salz, Pfeffer und Muskatnuss würzen. Eine Tarteform mit der Butter fetten und den Teig in die Form legen. Die Lauchringe in einem Sieb leicht ausdrücken, auf dem Teig verteilen und danach mit der Schmand-Mischung übergießen. Anschließend im heißen Ofen 30–35 Minuten auf der mittleren Schiene backen.

3. Die Quiche aus dem Backofen nehmen und etwas abkühlen lassen. Inzwischen die Radieschen putzen, waschen und in dünne Scheiben schneiden. Einige schöne Radieschenblätter waschen und beiseitelegen. Den Apfel waschen, putzen und in kleine Würfel schneiden. Schalotte schälen und fein würfeln. Den Dill grob schneiden. Meerrettich schälen und fein reiben.

4. Die Quiche mit dem Räucherlachs belegen und Radieschenscheiben sowie Apfel- und Schalottenwürfel darauf verteilen. Mit Öl und Essig beträufeln und mit Salz und Pfeffer würzen. Mit Dill, frisch geriebenem Meerrettich und den Radieschenblättern bestreut servieren.

ZUBEREITUNG	GARGERÄT	ANZAHL	NÄHRWERTE
ca. 1 Stunde	Tarteform	4 Portionen	pro Portion ca. 880 kcal, 32 g E, 62 g F, 48 g KH

FISCHAUFLAUF

MIT SÜSSKARTOFFELN UND FENCHEL

FÜR 4 PORTIONEN

1	**Zwiebel**
2	**Knoblauchzehen**
2 Stangen	**Lauch**
½	**Fenchelknolle**
375 g	**Süßkartoffeln**
1	**gelbe Paprikaschote**
1	**rote Paprikaschote**
1 EL	**Rapsöl**
	Salz, Pfeffer
2 TL	**Korianderpulver**
1 TL	**gemahlener Kreuzkümmel**
½ TL	**Chiliflocken**
¼ TL	**Zimtpulver**
400 g	**stückige Tomaten (aus der Dose)**
275 g	**Kichererbsen (aus der Dose)**
3 EL	**Orangensaft**
15 g	**abgeriebene Bio-Orangenschale**
200 g	**Kabeljaufilet**
200 g	**Wildlachsfilet**
2 Stiele	**Petersilie**

1. Zwiebel und Knoblauch schälen. Den Lauch putzen, längs halbieren und gründlich waschen. Den Fenchel waschen und putzen. Lauch, Fenchel und Zwiebel in feine Streifen schneiden. Knoblauch fein würfeln. Süßkartoffeln schälen und grob würfeln. Die Paprikaschoten waschen, putzen und klein schneiden.

2. Backofen auf 180 Grad (Ober- und Unterhitze) vorheizen. Dabei eine Auflaufform miterhitzen. Das Öl in die Auflaufform geben. Zwiebel, Lauch, Fenchel und Knoblauch hinzufügen und im Ofen 3–4 Minuten andünsten. Mit Salz und Pfeffer würzen, restliche Gewürze zugeben und vermengen. Stückige Tomaten, Süßkartoffeln, Paprika, Kichererbsen, den Orangensaft und die Orangenschale zufügen. 300 ml Wasser angießen und mischen. Zudecken und im heißen Ofen ca. 30 Minuten garen.

3. Die Fischfilets unter kaltem Wasser abbrausen, trocken tupfen und in mundgerechte Stücke schneiden. In die Auflaufform geben, erneut zudecken und ca. 10 Minuten gar ziehen lassen. Die Petersilie fein hacken und zum Servieren über den Auflauf streuen.

ZUBEREITUNG	GARGERÄT	ANZAHL	NÄHRWERTE
ca. 1 Stunde 15 Minuten	Auflaufform mit Deckel	4 Portionen	pro Portion ca. 378 kcal, 28 g E, 11 g F, 40 g KH

Die Süßkartoffel ist mit der Kartoffel nicht verwandt, sondern stammt aus einer anderen botanischen Familie. Sie kam vor der Kartoffel im 16. Jahrhundert aus Südamerika nach England.

Lust auf einen Auflauf mit Thunfisch? Das Rezeptvideo gibt's hier: edeka.de/thunfisch-auflauf

THUNFISCH-RIGATONI

MIT ZITRONE, TOMATEN UND KAPERN

FÜR 4 PORTIONEN

1	**rote Zwiebel**
450 g	**Kirschtomaten**
220 g	**Thunfisch in Öl (aus der Dose)**
2 EL	**Olivenöl**
	Salz, Pfeffer
400 g	**Pasta (z. B. Rigatoni)**
1 l	**Gemüsebrühe**
6 Stiele	**Petersilie**
1	**Bio-Zitrone**
3 EL	**Mascarpone**
2 EL	**Kapern**
2 EL	**geriebener Parmesan**

Außerdem:

Zestenreißer

1. Die Zwiebel schälen und fein würfeln. Die Kirschtomaten waschen und halbieren. Den Thunfisch abtropfen lassen und dann mit einer Gabel in Stücke zerpflücken. In einem großen Topf das Öl erhitzen. Zwiebel darin glasig andünsten und leicht salzen. 300 g Tomaten, die Nudeln und die Brühe dazugeben und alles ca. 10 Minuten offen köcheln lassen.

2. Die Petersilie fein hacken. Die Zitrone heiß waschen und mit einem Zestenreißer hauchdünne Streifen abziehen. Restliche Tomaten in den Topf geben und untermischen. Noch weitere ca. 5 Minuten mitkochen, bis die Flüssigkeit reduziert ist. Dann Thunfisch, Mascarpone, Kapern, Zitronenzesten, Parmesan und die Petersilie untermischen. Die Pasta mit Salz und Pfeffer abschmecken und kurz durchziehen lassen. Auf tiefe Teller verteilen, mit gemahlenem Pfeffer bestreuen und servieren.

ZUBEREITUNG	GARGERÄT	ANZAHL	NÄHRWERTE
ca. 35 Minuten	großer Topf	4 Portionen	pro Portion ca. 706 kcal, 36 g E, 27 g F, 85 g KH

SCHARFE FISCHSUPPE

MIT GARNELEN UND CHAMPIGNONS

FÜR 4 PORTIONEN

15 g	**Galgantwurzel**
10 g	**frischer Ingwer**
2	**Chilischoten**
2 Stangen	**Zitronengras**
1 l	**Geflügelbrühe**
120 g	**Champignons**
120 g	**Kirschtomaten**
4	**Kaffirlimettenblätter**
500 g	**Garnelen**
2 Stiele	**Koriander**
3 EL	**Limettensaft**
3 EL	**Fischsauce**

1. Die Galgantwurzel und den Ingwer schälen und beides klein schneiden. Die Chilischoten waschen und in Ringe schneiden. Das Zitronengras waschen, putzen und klein hacken. Alles zusammen mit der Geflügelbrühe in einen großen Topf geben und ca. 15 Minuten bei milder Hitze köcheln lassen.

2. Die Champignons putzen und vierteln. Tomaten waschen und halbieren. Die Limettenblätter ggf. klein schneiden. Die Köpfe der Garnelen abdrehen und die Garnelen bis auf das Schwanzsegment schälen. Dann mit einem kleinen, spitzen Messer den Rücken vom Kopf bis zum Schwanz leicht einritzen, den Schnitt leicht auseinanderklappen und den Darm mit der Messerspitze herausziehen. Die Garnelen unter kaltem Wasser abbrausen und trocken tupfen, danach mit den Pilzen, den Tomaten und den Limettenblättern in die Suppe geben. Alles ca. 5 Minuten weiterhin köcheln lassen.

3. Die Korianderblätter von den Stielen abzupfen. Zur Suppe geben, mit Limettensaft und Fischsauce abschmecken und zum Servieren in Schüsseln füllen.

TIPP Galgantwurzel ist ein Gewürz aus Südostasien. Wenn Sie keine frische Galgantwurzel bekommen, können Sie Galgantpulver nehmen. Alternativ ersetzen Sie sie durch zusätzlichen Ingwer oder durch eine Mischung aus Zimtpulver, etwas Pfeffer und einer Prise frisch geriebener Muskatnuss.

ZUBEREITUNG	GARGERÄT	ANZAHL	NÄHRWERTE
ca. 35 Minuten	großer Topf	4 Portionen	pro Portion ca. 348 kcal, 41 g E, 19 g F, 4 g KH

LACHS-NUDELN

MIT FENCHEL UND TOMATEN

FÜR 4 PORTIONEN

100 g	**Fenchelknolle**
1	**Schalotte**
1	**Knoblauchzehe**
2 EL	**Olivenöl**
400 g	**Spirelli**
1 l	**Gemüsebrühe**
200 g	**Kirschtomaten**
4 Stiele	**Dill**
350 g	**Lachsfilet (ohne Haut)**
100 g	**Schlagsahne**
2 EL	**Basilikumpesto**
	Salz, Pfeffer
2 EL	**Zitronensaft**

1. Fenchel waschen, putzen und in feine Streifen schneiden. Schalotte und Knoblauch schälen und fein würfeln. Beides mit dem Fenchel zusammen in einem großen Topf in heißem Olivenöl ca. 5 Minuten andünsten. Die Spirelli zugeben, die Gemüsebrühe angießen und die Nudeln ca. 12 Minuten zugedeckt mit leichtem Biss garen. Dabei gelegentlich umrühren.

2. Die Tomaten waschen und halbieren. Den Dill fein schneiden. Den Lachs unter kaltem Wasser abbrausen, trocken tupfen und in Würfel schneiden. Beides in den letzten ca. 6 Minuten zur Pasta geben. Gegen Ende der Garzeit die Sahne und das Pesto untermischen. Alles mit Salz und Pfeffer würzen. Lachsnudeln mit Dill bestreuen und mit Zitronensaft beträufelt servieren.

TIPP Statt Lachs können Sie hier auch andere festfleischige Fischsorten, wie Heilbutt, Rotbarsch oder Thunfisch verwenden.

ZUBEREITUNG	GARGERÄT	ANZAHL	NÄHRWERTE
ca. 40 Minuten	großer Topf mit Deckel	4 Portionen	pro Portion ca. 716 kcal, 33 g E, 29 g F, 80 g KH

FISCH

TOMATEN-SEELACHS-EINTOPF

MIT MANDELN UND PETERSILIE

FÜR 4 PORTIONEN

6	**Tomaten**
2	**Zwiebeln**
4	**Knoblauchzehen**
4 EL	**Olivenöl**
2 TL	**Tomatenmark**
½ TL	**Paprikapulver, geräuchert**
¼ TL	**gemahlene Fenchelsamen**
150 ml	**Weißwein (alternativ Saft von ½ Zitrone)**
500 ml	**Fischbrühe**
	Salz, Pfeffer
600 g	**Seelachsfilet**
120 g	**blanchierte Mandeln**
3 EL	**Mandelmus**
¼ Bund	**Petersilie**

Außerdem:

Mörser

1. Die Tomaten waschen, putzen und klein schneiden. Die Zwiebeln und den Knoblauch schälen, in feine Würfel schneiden und in einer Pfanne in heißem Olivenöl 4–5 Minuten andünsten. Das Tomatenmark zugeben und kurz anrösten. Paprikapulver, die gemahlenen Fenchelsamen und die Tomaten zufügen und mit dem Wein ablöschen. Etwas verkochen lassen und danach die Brühe angießen. Das Ganze für ca. 15 Minuten bei mittlerer Hitze köcheln lassen. Mit Salz und Pfeffer würzen.

2. Den Fisch unter kaltem Wasser abbrausen, trocken tupfen und in mundgerechte Stücke schneiden. In die Pfanne geben und 4–5 Minuten gar ziehen lassen.

3. Inzwischen die Mandeln im Mörser zerstoßen und mit dem Mandelmus in die Pfanne geben. Gut umrühren und nochmals abschmecken. Die Petersilie fein hacken und zum Servieren über den Seelachs streuen. Dazu passt geröstetes Weizenbrot.

ZUBEREITUNG	GARGERÄT	ANZAHL	NÄHRWERTE
ca. 50 Minuten	große Pfanne mit hohem Rand	4 Portionen	pro Portion ca. 566 kcal, 43 g E, 36 g F, 11 g KH

22
REZEPTE

ALLES VEGGIE

Cremige Auberginen-Lasagne, deftiger Wirsing-Eintopf und würziger Flammkuchen mit Röstpaprika – diese vegetarischen One-Pot-Gerichte schmecken immer. Goldgelb überbacken, knackig gebraten oder herzhaft geschmort: Dabei kommt ganz viel Gemüse der Saison in den Topf, in die Auflaufform oder aufs Blech.

TOMATEN-FETA-GNOCCHI

AUS DEM OFEN

FÜR 4 PORTIONEN

400 g	**Kirschtomaten**
1	**Knoblauchzehe**
50 ml	**Weißwein (alternativ Gemüsebrühe)**
	Salz, Pfeffer
1 Prise	**Zucker**
200 g	**Feta**
6 EL	**Olivenöl**
1 TL	**getrockneter Oregano**
800 g	**Gnocchi (aus dem Kühlregal)**
3 Stiele	**Basilikum**

1. Den Backofen auf 220 Grad (Ober- und Unterhitze) vorheizen. Tomaten waschen und halbieren. Knoblauch schälen und fein hacken. Beides mit Wein, Salz, Pfeffer und Zucker in einer Auflaufform verteilen. Den Feta auf die Tomaten setzen und mit 4 EL Öl beträufeln. Im heißen Ofen ca. 30 Minuten garen.

2. Form aus dem Ofen nehmen. Die Tomaten mit der Gabel zerdrücken und den Feta in Stücke teilen. 4 EL Wasser, den getrockneten Oregano und die Gnocchi untermischen. Dann mit dem restlichen Öl beträufeln und weitere ca. 12 Minuten im Ofen garen. Anschließend die Tomaten-Feta-Gnocchi mit Basilikumblättchen bestreut servieren.

ZUBEREITUNG	GARGERÄT	ANZAHL	NÄHRWERTE
ca. 50 Minuten	Auflaufform	4 Portionen	pro Portion ca. 561 kcal, 18 g E, 29 g F, 55 g KH

BUNTE WOKPFANNE

MIT ZUCKERSCHOTEN, PAPRIKA UND ROTKOHL

FÜR 4 PORTIONEN

80 g	**Cashewkerne**
300 g	**Brokkoli**
½	**grüne Paprikaschote**
½	**rote Paprikaschote**
1	**Zwiebel**
1	**Möhre**
150 g	**Rotkohl**
100 g	**Shiitakepilze**
100 g	**Babymais**
100 g	**Zuckerschoten**
3	**Lauchzwiebeln**
20 g	**frischer Ingwer**
2	**Knoblauchzehen**
3 Stiele	**Thaibasilikum (alternativ Basilikum)**
6 Stiele	**Koriander**
4 EL	**Olivenöl**
3 EL	**Sojasauce**
1 EL	**geröstetes Sesamöl**
50 ml	**vegetarische Austernsauce**
200 ml	**Gemüsebrühe**
1–2 TL	**Honig**
	frisch gemahlener schwarzer Pfeffer
½ TL	**Chiliflocken**

1. Cashewkerne im Wok ohne Öl rösten und beiseitelegen. Den Brokkoli waschen, putzen und in Röschen teilen. Den Strunk schälen und in Scheiben schneiden. Paprika waschen, putzen und entkernen. Zwiebel schälen und mit der Paprika in ca. 2 cm große Stücke schneiden. Möhre schälen, längs halbieren und schräg in Scheiben schneiden. Rotkohl waschen, putzen, Strunk entfernen und den Kohl in grobe Streifen schneiden. Die Pilze putzen und in Scheiben schneiden. Babymais waschen und längs halbieren. Die Zuckerschoten waschen und putzen. Die Lauchzwiebeln putzen, waschen und dann in ca. 4 cm lange Stücke schneiden. Ingwer schälen und in dünne Scheiben schneiden. Den Knoblauch schälen und fein hacken. Thaibasilikumblätter abzupfen. Den Koriander fein hacken.

2. In einem Wok 2 EL Olivenöl erhitzen. Den Rotkohl darin bei starker Hitze ca. 3 Minuten braten, mit 1 EL Sojasauce würzen und aus dem Wok nehmen. Das restliche Olivenöl im Wok erhitzen. Brokkoli, Paprika, Zwiebeln, Pilze, Mais und Möhren darin ca. 3 Minuten scharf anbraten und herausnehmen.

3. Das Sesamöl im Wok erhitzen. Lauchzwiebeln, Ingwer und Knoblauch darin goldgelb braten. Vegetarische Austernsauce zugeben, kurz einkochen lassen. Das vorbereitete Gemüse, die Gemüsebrühe, restliche Sojasauce, Honig und Pfeffer dazugeben und zugedeckt ca. 3 Minuten garen. Deckel abnehmen und ca. 2 Minuten offen zu Ende garen. Mit Cashewkernen, Chiliflocken, Koriander und Thaibasilikum bestreut servieren.

ZUBEREITUNG	GARGERÄT	ANZAHL	NÄHRWERTE
ca. 35 Minuten	Wok mit Deckel	4 Portionen	pro Portion ca. 402 kcal, 13 g E, 24 g F, 33 g KH

Thaibasilikum wird nicht mitgekocht, sondern immer erst am Ende der Garzeit zu den Gerichten gegeben, da es sonst bitter wird.

AUBERGINEN-LASAGNE

MIT ZUCCHINI UND MOZZARELLA

FÜR 4 PORTIONEN

800 g	**Auberginen**
300 g	**Zucchini**
	Salz, Pfeffer
800 g	**passierte Tomaten (aus der Dose)**
½ TL	**Zucker**
1 TL	**getrockneter Oregano**
16 EL	**Olivenöl**
2	**Knoblauchzehen**
2	**Schalotten**
4 Stiele	**Basilikum**
6 EL	**Semmelbrösel**
12	**Lasagneplatten (ohne Vorkochen)**
250 g	**geriebener Mozzarella**
100 g	**geriebener Bergkäse**
4 Stiele	**Oregano**

1. Die Auberginen und die Zucchini waschen, putzen und in ca. 1 cm dicke Scheiben schneiden. Die Scheiben mit Salz bestreuen und ca. 10 Minuten ziehen lassen.

2. Passierte Tomaten mit Salz, Pfeffer, Zucker, getrocknetem Oregano und 2 EL Olivenöl verrühren. Knoblauch und Schalotten schälen, mit dem Basilikum fein hacken und untermischen.

3. Den Backofen auf Grillfunktion (Oberhitze) einstellen und auf höchstmöglicher Stufe vorheizen. Die Auberginen- und Zucchinischeiben trocken tupfen, in einem großen Bräter verteilen, mit 12 EL Olivenöl beträufeln und unter dem heißen Ofengrill für ca. 8 Minuten grillen, bis die Gemüsescheiben leicht gebräunt sind. Dabei einmal wenden. Anschließend herausnehmen und das Gemüse auf Küchenpapier abtropfen lassen. Den Bräter etwas abkühlen lassen und vorsichtig mit Küchenpapier auswischen.

4. Den Backofen auf 220 Grad (Ober- und Unterhitze) vorheizen. Den Bräter mit etwas Olivenöl fetten und mit 3 EL Semmelbröseln ausstreuen. Ein wenig Sauce in der Form verteilen und dann mit 3 Lasagneplatten auslegen. Nacheinander je ein Viertel der Gemüsescheiben, der Tomatensauce, des Mozzarellas und des Bergkäses darauf verteilen. So die Lasagne einschichten. Mit Gemüsescheiben, Tomatensauce, Mozzarella und Bergkäse abschließen. Mit restlichen Semmelbröseln bestreuen und mit restlichem Olivenöl beträufeln. Oreganoblättchen von den Stielen zupfen und einige über die Lasagne streuen. Im heißen Ofen auf der zweiten Schiene von unten ca. 30 Minuten goldbraun überbacken. Lasagne aus dem Ofen nehmen. Die übrigen Oreganoblättchen über die Lasagne streuen.

ZUBEREITUNG	GARGERÄT	ANZAHL	NÄHRWERTE
ca. 1 Stunde 30 Minuten	Bräter	4 Portionen	pro Portion ca. 1.056 kcal, 37 g E, 70 g F, 68 g KH

STECKRÜBEN-EINTOPF

MIT BOHNEN UND KARTOFFELN

FÜR 4 PORTIONEN

800 g	**Steckrüben**
250 g	**Kartoffeln, vorwiegend festkochend**
150 g	**Möhren**
3	**Zwiebeln**
150 g	**Knollensellerie**
250 g	**weiße Riesenbohnen (aus der Dose)**
250 g	**grüne Bohnen**
3 EL	**Butter**
1 EL	**Currypulver**
1 TL	**Kurkumapulver**
1 EL	**Tomatenmark**
1 l	**Gemüsebrühe**
	Salz, Pfeffer
5 Stiele	**Basilikum**

1. Steckrüben, Kartoffeln, Möhren, Zwiebeln und Sellerie schälen und in 1–2 cm große Stücke schneiden. Weiße Bohnen abgießen, abbrausen und abtropfen lassen. Grüne Bohnen putzen und in ca. 3 cm lange Stücke schneiden.

2. Die Butter in einem großen Topf erhitzen. Das Gemüse – bis auf die Bohnen – darin bei mittlerer Hitze unter ständigem Rühren ca. 5 Minuten anrösten. Currypulver, Kurkumapulver und das Tomatenmark unterrühren, kurz mitrösten und alles mit der Brühe ablöschen. Aufkochen, die Hitze reduzieren und den Eintopf zugedeckt ca. 30 Minuten köcheln lassen.

3. Den Deckel abnehmen. Die weißen und die grünen Bohnen zum Eintopf hinzufügen, alles kurz aufkochen und offen weitere 5–8 Minuten köcheln lassen. Mit Salz und Pfeffer würzen. Den fertigen Eintopf auf Schüsseln verteilen und dann mit einigen Basilikumblättern bestreut servieren.

TIPP Außerhalb der Steckrübensaison können Sie prima Kohlrabi als Alternative für den Eintopf verwenden. Dieser ist eng mit der mild-süßlichen Steckrübe verwandt und eignet sich ebenfalls gut für Suppen und Eintöpfe.

ZUBEREITUNG	GARGERÄT	ANZAHL	NÄHRWERTE
ca. 1 Stunde	großer Topf mit Deckel	4 Portionen	pro Portion ca. 538 kcal, 23 g E, 18 g F, 70 g KH

Weiße Bohnen stammen aus Mittel- und Südamerika. Ihr süßlicher Geschmack und die weiche Konsistenz machen sie perfekt für Baked Beans und Eintöpfe.

VEGGIE

ORZO-RISOTTO

MIT GRÜNEM SPARGEL

FÜR 4 PORTIONEN

500 g	**grüner Spargel**
200 g	**Bergkäse**
2 EL	**Butter**
400 g	**Orzo**
1 l	**Gemüsebrühe**
	Salz, Pfeffer

1 Den Spargel waschen, putzen und ggf. im unteren Drittel schälen. Die Stangen dann schräg in ca. 3 cm große Stücke schneiden. Den Bergkäse fein reiben.

2 Backofen auf 200 Grad (Ober- und Unterhitze) vorheizen. Eine Auflaufform oder einen Bräter miterhitzen. Die Butter hineingeben und den Spargel darin 2–3 Minuten andünsten. Die Orzo-Nudeln und die Brühe hinzufügen und alles im heißen Ofen 15–20 Minuten garen. Dabei ab und zu umrühren.

3 Vor dem Servieren die Hälfte vom Bergkäse untermischen, mit Salz und Pfeffer abschmecken und das Risotto in Schüsseln anrichten. Den restlichen geriebenen Käse darüberstreuen.

ZUBEREITUNG	GARGERÄT	ANZAHL	NÄHRWERTE
ca. 40 Minuten	Auflaufform oder Bräter	4 Portionen	pro Portion ca. 611 kcal, 27 g E, 21 g F, 79 g KH

ROTE-BETE-EINTOPF

MIT CHAMPIGNONS UND KARTOFFELN

FÜR 4 PORTIONEN

650 g	**Rote Beten**
350 g	**Kartoffeln, vorwiegend festkochend**
300 g	**Knollensellerie**
250 g	**Schalotten**
250 g	**Champignons**
½ Bund	**glatte Petersilie**
6 Stiele	**Thymian**
2 EL	**Sonnenblumenöl**
2 EL	**Tomatenmark**
½ TL	**Zucker**
400 ml	**Rotwein (alternativ roter Traubensaft ohne Zuckerzusatz)**
500 ml	**Gemüsebrühe**
	Salz, Pfeffer
½ Bund	**Schnittlauch**
4 EL	**Crème fraîche**

1. Die Rote Beten, die Kartoffeln und den Sellerie schälen und in ca. 2 cm große Stücke schneiden. Die Schalotten schälen und längs halbieren. Die Champignons putzen. Die Kräuterblätter abzupfen und grob hacken.

2. Das Öl in einem Topf erhitzen, das vorbereitete Gemüse – außer den Kräutern – darin bei mittlerer bis starker Hitze unter ständigem Rühren ca. 7 Minuten anbraten. Tomatenmark und Zucker dazugeben und weitere ca. 3 Minuten braten. Mit dem Rotwein ablöschen, nochmals aufkochen und ca. 5 Minuten köcheln lassen. Die Brühe dazugießen und alles zugedeckt bei niedriger Hitze ca. 30 Minuten köcheln lassen.

3. Die gehackten Kräuter hinzufügen und ca. 5 Minuten ohne Deckel weiterköcheln lassen. Mit Salz und Pfeffer abschmecken und mit Schnittlauch und Crème fraîche garniert servieren.

TIPP Tragen Sie Einmalhandschuhe oder reiben Sie die Hände mit Speiseöl ein, damit sie sich von der Roten Bete nicht verfärben.

ZUBEREITUNG	GARGERÄT	ANZAHL	NÄHRWERTE
ca. 1 Stunde 10 Minuten	Topf mit Deckel	4 Portionen	pro Portion ca. 350 kcal, 9 g E, 12 g F, 37 g KH

Frittata ist ein italienisches Omelett, das aus Eiern, Gemüse und Käse zubereitet wird. Es kann auch Kartoffeln und Spaghetti vom Vortag enthalten.

Lust auf Frittata mit grünem Spargel? Das Rezeptvideo gibt's hier: edeka.de/spargel-frittata

PAPRIKA-FRITTATA

MIT FETA

FÜR 4 PORTIONEN

4	**Paprikaschoten (gelb, rot und orange)**
2	**Zwiebeln**
2	**Knoblauchzehen**
250 g	**Feta**
2 Stiele	**Oregano**
½ Bund	**glatte Petersilie**
5	**Eier (Gr. M)**
150 g	**Schlagsahne**
100 ml	**Milch**
	Salz, Pfeffer
4 EL	**Sonnenblumenöl**

1. Backofen auf 200 Grad (Ober- und Unterhitze) vorheizen. Die Paprikaschoten waschen, vierteln, putzen und in fingerdicke Scheiben schneiden. Die Zwiebeln und den Knoblauch schälen. Zwiebeln in Streifen schneiden, Knoblauch grob hacken. Den Feta zerbröseln. Oregano- und Petersilienblättchen abzupfen und grob hacken. Die Eier mit Sahne, Milch und der Hälfte des Fetas pürieren. Mit Salz und Pfeffer würzen.

2. Sonnenblumenöl in einer ofenfesten, beschichteten Pfanne auf dem Herd erhitzen. Paprika, Zwiebeln und Knoblauch darin bei mittlerer bis starker Hitze ca. 3 Minuten anbraten. Dann die Eiermasse in die Pfanne gießen und ca. 2 Minuten bei niedriger Hitze stocken lassen. Die Kräuter und den restlichen Feta darüberstreuen und im heißen Ofen ca. 12 Minuten backen.

3. Die Paprika-Frittata aus dem Ofen nehmen und vor dem Servieren kurz ruhen lassen.

ZUBEREITUNG	GARGERÄT	ANZAHL	NÄHRWERTE
ca. 35 Minuten	ofenfeste, beschichtete Pfanne	4 Portionen	pro Portion ca. 878 kcal, 29 g E, 74 g F, 14 g KH

VEGGIE

AUBERGINEN-PASTA

MIT MOZZARELLA UND TOMATENSAUCE

FÜR 4 PORTIONEN

600 g	**Auberginen**
	Salz, Pfeffer
2	**Knoblauchzehen**
1	**kleine Zwiebel**
10 EL	**Olivenöl**
500 g	**passierte Tomaten**
4 Stiele	**Basilikum**
1 Prise	**Zucker**
400 g	**Mezze Maniche (alternativ Tortiglioni)**
500 ml	**Gemüsebrühe**
125 g	**Mozzarella**

1. Die Auberginen waschen, putzen und in ca. 1 cm große Würfel schneiden. Die Würfel in einer Schale mit 1 TL Salz mischen, in ein Sieb füllen und ca. 30 Minuten ziehen lassen. Inzwischen Knoblauch und Zwiebel schälen und fein würfeln. Die Auberginenwürfel auf Küchenpapier abtropfen lassen.

2. In einem großen Topf mit hohem Rand 3 EL Öl erhitzen. Die Hälfte der Auberginenwürfel darin rundherum goldbraun braten, danach herausnehmen. Mit den restlichen Auberginenwürfeln ebenso verfahren. 2 EL Öl in denselben Topf geben und erhitzen. Knoblauch und Zwiebeln darin glasig dünsten. Passierte Tomaten dazugeben und unter Rühren 2–3 Minuten dünsten. Blätter von 2 Stielen Basilikum abzupfen, die Stiele hacken und alles mit den Auberginenwürfeln zusammen hinzufügen. Mit Salz, Pfeffer und Zucker würzen. Nudeln und Brühe dazugeben und bei milder Hitze ca. 10 Minuten ohne Deckel garen, bis die Nudeln bissfest sind. Dabei regelmäßig umrühren. Ggf. nach und nach etwas mehr Brühe zugeben. Alles mit Salz und Pfeffer abschmecken.

3. Den Mozzarella abtropfen lassen und in Stücke zupfen. Die Blätter vom restlichen Basilikum abzupfen. Auberginen-Pasta mit Mozzarella und Basilikumblättern bestreuen und mit dem übrigen Öl beträufelt servieren.

TIPP Braten Sie die Auberginenwürfel in zwei Schritten an, damit sie knusprig werden. Ist der Topf zu voll, tritt zu viel Flüssigkeit aus und es bilden sich keine Röstaromen.

ZUBEREITUNG	GARGERÄT	ANZAHL	NÄHRWERTE
ca. 1 Stunde	großer Topf	4 Portionen	pro Portion ca. 766 kcal, 22 g E, 38 g F, 83 g KH

Mezze Maniche ist eine kurze, röhrenförmige Pasta aus Norditalien. Übersetzt bedeutet ihr Name „kurze Ärmel".

KARTOFFEL-WIRSING-EINTOPF

MIT ROSENKOHL UND HASELNÜSSEN

FÜR 4 PORTIONEN

80 g	**Haselnüsse**
2 EL	**Zucker**
1 Stiel	**Rosmarin**
700 g	**Kartoffeln, vorwiegend festkochend**
120 g	**Knollensellerie**
4	**Zwiebeln**
200 g	**Rosenkohl**
400 g	**Wirsing**
2–3 EL	**Butterschmalz**
1,2 l	**Gemüsebrühe**
	Salz, Pfeffer

1. Die Haselnüsse in grobe Stücke brechen oder hacken und in einem großen Topf ohne Fett goldbraun anrösten. Rosmarinnadeln von dem Stiel abstreifen. Zucker und Rosmarin hinzufügen. Die Nüsse leicht karamellisieren lassen, auf Backpapier geben und abkühlen lassen.

2. Die Kartoffeln, den Sellerie und die Zwiebeln schälen. Das Gemüse in grobe Würfel schneiden. Den Rosenkohl putzen, waschen und die Röschen halbieren. Den Wirsing putzen, waschen, vierteln, dann den Strunk entfernen und den Kohl grob in Stücke schneiden.

3. Butterschmalz in dem großen Topf erhitzen. Die Kartoffel-, die Sellerie- und die Zwiebelwürfel darin bei mittlerer bis starker Hitze ca. 2 Minuten rundherum anrösten. Mit der Gemüsebrühe ablöschen. Alles aufkochen und zugedeckt bei niedriger Hitze ca. 15 Minuten köcheln lassen. Den Deckel abnehmen und den Wirsing und den Rosenkohl zum Eintopf dazugeben. Die Hitze erhöhen und ca. 20 Minuten weiter köcheln lassen. Dann den Eintopf mit Salz und Pfeffer abschmecken und mit den karamellisierten Nüssen bestreut servieren.

ZUBEREITUNG	GARGERÄT	ANZAHL	NÄHRWERTE
ca. 1 Stunde	großer Topf mit Deckel	4 Portionen	pro Portion ca. 357 kcal, 13 g E, 14 g F, 43 g KH

FENCHEL-PAPRIKA-CURRY

MIT ROTEN LINSEN

FÜR 4 PORTIONEN

2	**Fenchelknollen**
2	**rote Paprikaschoten**
1 Bund	**Lauchzwiebeln**
2 TL	**rote Currypaste**
2 EL	**Kokosfett**
400 g	**Schlagsahne**
200 g	**rote Linsen**
	Salz, Pfeffer
½ Bund	**glatte Petersilie**

1. Den Fenchel waschen, putzen und dann in dünne Scheiben schneiden. Die Paprikaschoten waschen, vierteln, putzen und in Streifen schneiden. Die Lauchzwiebeln waschen, putzen und in dünne Ringe schneiden.

2. In einem großen Topf die Currypaste mit dem Kokosfett unter Rühren erhitzen. Anschließend das zerkleinerte Gemüse dazugeben und 2–3 Minuten andünsten. Mit Sahne und ca. 500 ml Wasser aufgießen, dann aufkochen und bei mittlerer Hitze zugedeckt ca. 5 Minuten köcheln lassen.

3. Die Linsen hinzufügen, unterrühren und alles 8–10 Minuten weiterköcheln lassen, bis die Linsen gar sind. Anschließend das Curry mit Salz und Pfeffer abschmecken. Petersilienblättchen von den Stielen abzupfen und grob hacken. Fenchel-Paprika-Curry mit gehackter Petersilie bestreut servieren.

TIPP Statt 2 Fenchelknollen können Sie auch 500 g Spitzkohl für das Curry verwenden. Den Kohl dann in feine Streifen schneiden und mit dem übrigen Gemüse andünsten.

ZUBEREITUNG	GARGERÄT	ANZAHL	NÄHRWERTE
ca. 25 Minuten	großer Topf mit Deckel	4 Portionen	pro Portion ca. 276 kcal, 9 g E, 19 g F, 17 g KH

Shakshuka gilt als israelisches Nationalgericht und wird dort sehr gerne zum Frühstück gegessen. Es schmeckt aber auch zum Lunch und als Abendbrot.

Ein Rezept für den Joghurt-Dip gibt's hier: edeka.de/joghurt-dip-mit-minze

SPINAT-SHAKSHUKA

MIT VERSUNKENEN EIERN UND PAPRIKA

FÜR 4 PORTIONEN

2	**rote Paprikaschoten**
4	**Zwiebeln**
4	**Knoblauchzehen**
1 Bund	**Petersilie**
700 g	**junger Blattspinat**
6 EL	**Olivenöl**
2 EL	**Butter**
1 TL	**Paprikapulver, edelsüß**
1 TL	**gemahlener Kreuzkümmel**
½ TL	**Zimtpulver**
	Salz, Pfeffer
1 TL	**Chiliflocken**
4	**Eier (Gr. M)**
1	**Fladenbrot**

1. Die Paprikaschoten waschen, vierteln, putzen und in kleine Würfel schneiden. Zwiebeln und Knoblauch schälen und fein würfeln. Die Petersilie mitsamt den Stielen hacken. Den Spinat putzen, waschen und trocken schleudern.

2. In einer Pfanne mit hohem Rand 4 EL Öl und Butter erhitzen. Paprika darin kurz andünsten. Zwiebeln, Knoblauch, Paprikapulver, gemahlenen Kreuzkümmel und Zimtpulver dazugeben und glasig dünsten. Spinat nach und nach hinzufügen und zusammenfallen lassen. Zwei Drittel der Petersilie dazugeben. Mit Salz, Pfeffer und Chiliflocken würzen und etwas einkochen.

3. Mit einem Löffel 4 Mulden in den Spinat drücken. Die Eier einzeln aufschlagen und je 1 in die Mulden geben. Ca. 1 Minute garen, dann die Eiweiße jeweils vorsichtig in die Sauce rühren. Dabei aufpassen, dass das Eigelb nicht verletzt wird. Weitere 8–10 Minuten bei mittlerer Hitze zugedeckt stocken lassen. Mit der restlichen Petersilie bestreuen und mit dem restlichen Olivenöl beträufeln. Mit dem Fladenbrot servieren. Dazu passt ein Joghurt-Dip mit Minze.

ZUBEREITUNG	GARGERÄT	ANZAHL	NÄHRWERTE
ca. 30 Minuten	große Pfanne mit hohem Rand und Deckel	4 Portionen	pro Portion ca. 609 kcal, 21 g E, 32 g F, 58 g KH

MÖHREN-APFEL-SUPPE

MIT SCHMAND UND LAUCHZWIEBELN

FÜR 4 PORTIONEN

800 g	**Möhren**
400 g	**Kartoffeln, mehligkochend**
4	**Lauchzwiebeln**
2	**Äpfel**
4 EL	**Olivenöl**
	Salz, Pfeffer
1,2 l	**Gemüsebrühe**
200 g	**Schmand**

1. Die Möhren und die Kartoffeln schälen, putzen und grob würfeln. Die Lauchzwiebeln waschen, putzen und dann in Ringe schneiden. Das Grün der Lauchzwiebeln beiseitelegen. Die Äpfel halbieren und vom Kerngehäuse befreien. Eine Apfelhälfte in feine Scheiben schneiden, den Rest in kleine Stücke schneiden.

2. In einem großen Topf 2 EL Öl erhitzen. Die Apfelscheiben darin 1–2 Minuten anbraten und mit Salz und Pfeffer würzen. Mit dem Lauchzwiebelgrün mischen und auf einen Teller geben.

3. Das restliche Öl im selben Topf erhitzen. Möhren, Kartoffeln und das Weiße der Lauchzwiebeln darin anbraten. Apfelstücke hinzufügen und kurz mitbraten. Mit Gemüsebrühe aufgießen. Mit Salz und Pfeffer würzen. Die Suppe aufkochen und bei mittlerer Hitze zugedeckt ca. 20 Minuten köcheln lassen.

4. Die fertige Suppe pürieren und die Hälfte des Schmands unterrühren. Die Suppe mit dem restlichen Schmand und dem Apfel-Lauchzwiebel-Mix servieren.

TIPP Für die Suppe eignen sich säuerliche Apfelsorten wie Boskoop, Topaz oder Granny Smith.

ZUBEREITUNG	GARGERÄT	ANZAHL	NÄHRWERTE
ca. 30 Minuten	großer Topf mit Deckel	4 Portionen	pro Portion ca. 411 kcal, 6 g E, 25 g F, 39 g KH

FLAMMKUCHEN

MIT LAUCH UND RÖSTPAPRIKA

FÜR 4 PORTIONEN

200 g	**geröstete Paprika (aus dem Glas)**
150 g	**Lauch**
100 g	**braune Champignons**
2	**kleine rote Zwiebeln**
2	**Flammkuchenteige (aus dem Kühlregal; à 260 g; ca. 40 x 24 cm)**
200 g	**Schmand**
	Salz, Pfeffer
1 EL	**getrockneter Oregano**
2 Stiele	**Oregano**

1. Die Paprika abtropfen lassen und in Streifen schneiden. Den Lauch putzen, waschen und dann in dünne Ringe schneiden. Die Champignons säubern und in dünne Scheiben schneiden. Die Zwiebeln schälen und in dünne Ringe schneiden.

2. Den Backofen auf 200 Grad (Umluft) vorheizen. Einen Flammkuchenteig mit dem Backpapier auf je einem Backblech entrollen. Mit der Hälfte des Schmands bestreichen, dann die Hälfte des Gemüses und der Zwiebeln darauf verteilen. Mit Salz, Pfeffer und getrocknetem Oregano würzen. Übrigen Flammkuchenteig genauso belegen. Die Flammkuchen nacheinander ca. 15 Minuten backen.

3. Die fertigen Flammkuchen aus dem Ofen nehmen, nach Belieben mit einigen frischen Oreganoblättchen bestreuen und in Stücke schneiden.

ZUBEREITUNG	GARGERÄT	ANZAHL	NÄHRWERTE
ca. 30 Minuten	2 Backbleche	4 Portionen	pro Portion ca. 320 kcal, 33 g E, 9 g F, 26 g KH

QUINOA-RISOTTO

MIT KÜRBIS UND ZUCCHINI

FÜR 4 PORTIONEN

600 g	**Muskatkürbis (alternativ Hokkaidokürbis)**
1 Stiel	**Rosmarin**
½ TL	**Chiliflocken**
	Salz, Pfeffer
4 EL	**Olivenöl**
1 EL	**Kürbiskerne**
1 EL	**Sonnenblumenkerne**
1	**Zwiebel**
2	**Knoblauchzehen**
2 Stangen	**Staudensellerie**
1	**Zucchini**
200 g	**Quinoa**
80 ml	**Weißwein (alternativ Saft von ½ Zitrone)**
1 l	**heiße Gemüsebrühe**
60 g	**Bergkäse**
½ Bund	**glatte Petersilie**

1. Den Kürbis schälen, Kerne und Fasern entfernen und das Fruchtfleisch in ca. 1,5 cm große Würfel schneiden. Rosmarinnadeln abstreifen und fein hacken. Kürbiswürfel mit Chiliflocken, Rosmarin und Salz mischen, dann in einer tiefen Pfanne in 2 EL heißem Öl ca. 10 Minuten rundherum anbraten, bis sie leicht gebräunt sind. Kürbiswürfel herausnehmen und zur Seite stellen. Kürbiskerne und Sonnenblumenkerne kurz in der heißen Pfanne anrösten und danach auf einen Teller geben.

2. Die Zwiebel und den Knoblauch schälen und fein würfeln. Staudensellerie waschen, putzen und ebenso fein würfeln. Die Zucchini waschen, putzen und grob raspeln. Übriges Öl in der tiefen Pfanne erhitzen. Zwiebel, Knoblauch und Sellerie darin ca. 5 Minuten andünsten. Quinoa und Kürbiswürfel hinzufügen, kurz mitdünsten und mit Weißwein ablöschen. Den Wein etwas einkochen lassen, dann eine Kelle heiße Gemüsebrühe angießen. Sobald die Flüssigkeit aufgesogen wurde, die weitere Brühe dazugießen. Die Quinoasamen sollten nach ca. 15–20 Minuten bissfest gegart sein.

3. Mit Salz und Pfeffer abschmecken und Zucchini ergänzen. Bergkäse reiben. Die Pfanne von der Hitze nehmen und die Hälfte des Bergkäses untermengen. Zwei Drittel der Petersilie grob hacken, den Rest ganz lassen. Die gehackte Petersilie sowie die Kürbis- und die Sonnenblumenkerne untermischen. Risotto mit den ganzen Petersilienblättern und dem restlichen Bergkäse bestreut servieren.

ZUBEREITUNG	GARGERÄT	ANZAHL	NÄHRWERTE
ca. 1 Stunde	tiefe Pfanne	4 Portionen	pro Portion ca. 360 kcal, 19 g E, 10 g F, 44 g KH

Quinoa ist ein glutenfreies Pseudogetreide aus den Anden, das besonders gerne in Peru, Bolivien, Ecuador und Kolumbien gegessen wird.

SPINAT-GNOCCHI-PFANNE

MIT ERBSEN UND MAIS

FÜR 4 PORTIONEN

1	**Zwiebel**
3 EL	**Butter**
1 EL	**Olivenöl**
750 g	**Gnocchi (aus dem Kühlregal)**
150 g	**TK-Erbsen**
100 g	**Mais (aus der Dose)**
300 g	**TK-Blattspinat**
	Salz, Pfeffer
3 EL	**Zitronensaft**
200 g	**Crème fraîche**
100 ml	**Gemüsebrühe**
1 Prise	**geriebene Muskatnuss**
2 Stiele	**Basilikum**

1. Die Zwiebel schälen und fein würfeln. Butter und Olivenöl in einer großen Pfanne erhitzen. Gnocchi und Zwiebelwürfel darin unter Wenden ca. 5 Minuten goldbraun anbraten. Gefrorene Erbsen und abgetropften Mais zugeben und unter Wenden kurz andünsten. Dann den gefrorenen Spinat untermischen. Alles mit Salz und Pfeffer würzen. Zugedeckt bei schwacher Hitze ca. 10 Minuten ziehen lassen, bis der Spinat gar ist.

2. In der Zwischenzeit Zitronensaft, Crème fraîche und Brühe verrühren. Die Temperatur erhöhen. Die Mischung unter Rühren in die Pfanne gießen und alles unter vorsichtigem Wenden einmal kräftig aufkochen lassen. Mit Salz, Pfeffer und Muskatnuss abschmecken und in Schalen anrichten. Basilikumblättchen von den Stielen abzupfen und über die Gnocchi streuen.

ZUBEREITUNG	GARGERÄT	ANZAHL	NÄHRWERTE
ca. 35 Minuten	große Pfanne mit Deckel	4 Portionen	pro Portion ca. 656 kcal, 18 g E, 36 g F, 63 g KH

SÜSSKARTOFFEL-GRATIN

MIT KOHLRABI UND BERGKÄSE

FÜR 4 PORTIONEN

500 g	**Kartoffeln, festkochend**
600 g	**Süßkartoffeln**
1	**kleiner Kohlrabi**
3 EL	**weiche Butter**
200 g	**Schlagsahne**
100 ml	**Gemüsebrühe**
3 EL	**Sahnemeerrettich**
	Salz, Pfeffer
1 Prise	**geriebene Muskatnuss**
2 Stiele	**Rosmarin**
½ Bund	**Schnittlauch**
100 g	**geriebener Bergkäse**
4 Stiele	**Thymian**

1. Die Kartoffeln und die Süßkartoffeln schälen und in ca. 3 mm dünne Scheiben schneiden. Kohlrabi schälen, längs vierteln und ebenfalls in ca. 3 mm dünne Scheiben schneiden. Eine Auflaufform mit 2 EL Butter fetten und dann das Gemüse dachziegelartig einschichten.

2. Den Backofen auf 200 Grad (Umluft 180) vorheizen. Sahne, Brühe und Meerrettich verrühren, mit Salz, Pfeffer und Muskatnuss würzen. Die Mischung über das Gemüse gießen. Restliche Butter in Flöckchen auf dem Gratin verteilen. Im heißen Ofen auf der mittleren Schiene ca. 20 Minuten garen.

3. Inzwischen die Rosmarinnadeln abzupfen. Den Schnittlauch in feine Röllchen schneiden. Käse und Rosmarin auf dem Gratin verteilen und weitere 20–25 Minuten goldbraun überbacken. Gratin aus dem Ofen nehmen, kurz abkühlen lassen und mit Schnittlauchröllchen und Thymian bestreut servieren.

TIPP Statt Kohlrabi können Sie auch Möhren, Fenchel oder Zucchini als Gemüse im Rezept verwenden.

ZUBEREITUNG	GARGERÄT	ANZAHL	NÄHRWERTE
ca. 1 Stunde	Auflaufform	4 Portionen	pro Portion ca. 619 kcal, 16 g E, 34 g F, 60 g KH

Der krümelige bis schnittfeste Frischkäse Paneer stammt ursprünglich aus Indien. Er ist eine beliebte Einlage für Currys.

SPINATCURRY

MIT KICHERERBSEN, PANEER UND LIMETTE

FÜR 4 PORTIONEN

500 g	**junger Blattspinat**
1	**Zwiebel**
2	**Knoblauchzehen**
20 g	**Ingwer**
400 g	**Paneer**
200 g	**Kichererbsen (aus der Dose)**
2 EL	**Butterschmalz**
1 ½ TL	**Garam Masala**
½ TL	**Kurkumapulver**
½ TL	**Paprikapulver, edelsüß**
500 g	**stückige Tomaten (aus der Dose)**
	Salz, Pfeffer
	Zucker
250 g	**Joghurt**
300 ml	**Gemüsebrühe**
1	**grüne Chilischote**
8 Stiele	**Koriander**

1. Den Spinat verlesen und waschen. Danach in einem Sieb mit kochendem Wasser übergießen, kalt abschrecken, abtropfen lassen und leicht ausdrücken. Zwiebel schälen und fein würfeln. Knoblauch und Ingwer schälen und beides fein reiben. Paneer und Kichererbsen abtropfen lassen.

2. Das Butterschmalz in einem Topf erhitzen. Zwiebelwürfel darin goldgelb andünsten. Knoblauch und Ingwer dazugeben und ca. 2 Minuten unter Rühren anrösten. Garam Masala, Kurkuma- und Paprikapulver hinzufügen und ca. 30 Sekunden mitrösten. Die stückigen Tomaten zugeben und ca. 5 Minuten köcheln lassen. Mit Salz und Zucker würzen.

3. Anschließend 200 g Joghurt hinzufügen und alles mit dem Pürierstab fein mixen. Mit Brühe auffüllen, Spinat, Paneer und Kichererbsen dazugeben und ca. 5 Minuten köcheln lassen. Die Chilischote waschen, putzen und in dünne Scheiben schneiden. Den Koriander fein hacken.

4. Das Spinatcurry mit Salz, Zucker und Pfeffer abschmecken. Mit dem restlichen Joghurt beträufeln und mit Koriander und Chilischeiben bestreut servieren.

TIPP Anstelle von Paneer können Sie auch Räuchertofu oder marinierten Tofu verwenden.

ZUBEREITUNG	GARGERÄT	ANZAHL	NÄHRWERTE
ca. 45 Minuten	Topf	4 Portionen	pro Portion ca. 431 kcal, 31 g E, 25 g F, 18 g KH

OFEN-GEMÜSE

MIT SESAM UND HONIG

FÜR 4 PORTIONEN

300 g	**Möhren**
300 g	**Pastinaken**
300 g	**Petersilienwurzeln**
400 g	**Hokkaidokürbis**
500 g	**Kartoffeln, vorwiegend festkochend**
3	**Zwiebeln**
	Salz, Pfeffer
3 EL	**Sesam**
80 g	**flüssiger Honig**
3	**Lauchzwiebeln**
1 Handvoll	**Dill**
1 TL	**Chiliflocken**

1. Die Möhren, die Pastinaken und die Petersilienwurzeln schälen und je nach Größe der Länge nach halbieren oder vierteln. Den Kürbis putzen, vierteln, die Kerne entfernen und in fingerdicke Spalten schneiden. Die Kartoffeln gründlich waschen, abbürsten und in mundgerechte Stücke schneiden. Die Zwiebeln schälen und in fingerdicke Streifen schneiden.

2. Den Backofen auf 210 Grad (Umluft 190) vorheizen. Das vorbereitete Gemüse mit Salz, Pfeffer, Sesam und Honig gut vermengen und danach in einer Auflaufform verteilen. Alles anschließend im vorgeheizten Ofen auf der mittleren Schiene 40–50 Minuten backen.

3. Währenddessen die Lauchzwiebeln putzen und in ca. 3 cm lange Streifen schneiden. Das Gemüse aus dem Ofen nehmen, mit Lauchzwiebeln, Dillspitzen und Chiliflocken bestreuen und sofort servieren.

ZUBEREITUNG	GARGERÄT	ANZAHL	NÄHRWERTE
ca. 1 Stunde 10 Minuten	Auflaufform	4 Portionen	pro Portion ca. 329 kcal, 10 g E, 6 g F, 58 g KH

TOMATEN-BROT-AUFLAUF

MIT OLIVEN

FÜR 4 PORTIONEN

500 g	**Tomaten**
2	**grüne Paprikaschoten**
100 g	**grüne Oliven**
400 g	**Ciabatta**
12	**Peperoni (aus dem Glas)**
8 Stiele	**Oregano**
6 EL	**Olivenöl**
	Salz, Pfeffer
200 g	**Feta**

1 Den Backofen auf 220 Grad (Umluft 200) vorheizen. Die Tomaten und die Paprikaschoten waschen und putzen. Die Tomaten in Spalten, die Paprika in Stücke schneiden. Die Oliven halbieren. Ciabatta in größere Würfel schneiden. Peperoni in breite Ringe schneiden. Die Oreganoblättchen von den Stielen abzupfen und grob hacken.

2 Die Tomaten und die Paprika mit Brot, Oregano und Öl vermischen. Mit Salz und Pfeffer würzen, dann in einer großen Auflaufform verteilen. Mit Oliven und Peperoni bestreuen. Den Feta zerbröseln und über das Gemüse geben. Den Tomaten-Brot-Auflauf im Ofen ca. 20 Minuten überbacken. Nach Belieben mit etwas Oregano bestreut servieren.

ZUBEREITUNG	GARGERÄT	ANZAHL	NÄHRWERTE
ca. 30 Minuten	große Auflaufform	4 Portionen	pro Portion ca. 613 kcal, 19 g E, 31 g F, 62 g KH

ORZO-RISOTTO

MIT CHAMPIGNONS

FÜR 4 PORTIONEN

250 g	**braune Champignons**
2 EL	**Butter**
	Salz, Pfeffer
1	**Schalotte**
1	**Knoblauchzehe**
4 Stiele	**Thymian**
250 g	**Orzo**
400 ml	**heiße Gemüsebrühe**
100 g	**TK-Erbsen**
100 ml	**Schlagsahne**
2 EL	**Zitronensaft**
3 EL	**Hefeflocken**
100 g	**junger Blattspinat**
3 Stiele	**Basilikum**

1 Die Champignons putzen und halbieren. Butter in einem Topf schmelzen lassen. Champignons darin ca. 5 Minuten anbraten und mit Salz und Pfeffer würzen. Währenddessen die Schalotte und den Knoblauch schälen und beides fein würfeln. Thymianblättchen von den Stielen zupfen und hacken. Schalotten- und Knoblauchwürfel sowie Thymian unter die Pilze rühren und alles für weitere ca. 3 Minuten anbraten.

2 Die Orzo-Nudeln hinzufügen und nochmals ca. 2 Minuten mitbraten. Etwa die Hälfte der Brühe zugießen und den Topfinhalt ca. 5 Minuten köcheln lassen, bis die Nudeln die Brühe fast aufgesogen haben. Die restliche Brühe eingießen und erneut aufkochen lassen.

3 Die TK-Erbsen, Schlagsahne, Zitronensaft und Hefeflocken untermischen und alles mit Salz und Pfeffer abschmecken. Abschließend den Spinat hinzugeben und diesen kurz zusammenfallen lassen. Dafür den Deckel für ca. 2 Minuten auflegen. Das Risotto noch einmal umrühren, dann in Schalen füllen, mit Basilikumblättchen garnieren und servieren.

ZUBEREITUNG	GARGERÄT	ANZAHL	NÄHRWERTE
ca. 40 Minuten	Topf mit Deckel	4 Portionen	pro Portion ca. 341 kcal, 14 g E, 9 g F, 50 g KH

BROKKOLI-ORECCHIETTE

MIT RICOTTA UND ZITRONE

FÜR 4 PORTIONEN

1	**kleiner Brokkoli**
1	**Bio-Zitrone**
1	**Schalotte**
1	**Knoblauchzehe**
400 g	**Orecchiette**
	Salz, Pfeffer
2 EL	**Olivenöl**
250 g	**Ricotta**
1 Prise	**geriebene Muskatnuss**
50 g	**Bergkäse**

1. Den Brokkoli waschen, putzen und in kleine Röschen teilen. Den Stiel schälen, holziges Ende entfernen und den Stiel in dünne Scheiben schneiden. Die Zitrone heiß waschen, die Schale fein abreiben und die Frucht auspressen. Die Schalotte und den Knoblauch schälen und beides fein würfeln.

2. Die Nudeln in reichlich kochendem Salzwasser nach Packungsanleitung bissfest garen. Den Brokkoli ca. 6 Minuten vor Ende der Garzeit mit in den Topf geben. Nudeln und Brokkoli im Sieb abgießen und dabei 300 ml Nudelwasser auffangen.

3. Das Olivenöl in demselben Topf erhitzen. Knoblauch und Schalotten darin glasig dünsten. Nudeln, Brokkoli und 200 ml Nudelwasser in den Topf geben und aufkochen. Ricotta, Salz, Pfeffer, die Hälfte der Zitronenschale, 1 EL Zitronensaft und Muskatnuss in den Topf geben. Alles gut miteinander vermischen und erwärmen. Den Bergkäse fein reiben und die Hälfte untermischen. Alles mit Salz und Pfeffer abschmecken. Bei Bedarf noch etwas mehr Nudelwasser zugeben.

4. Die Orecchiette mit der restlichen Zitronenschale und dem restlichen Bergkäse bestreuen und servieren.

ZUBEREITUNG	GARGERÄT	ANZAHL	NÄHRWERTE
ca. 35 Minuten	großer Topf mit Deckel	4 Portionen	pro Portion ca. 625 kcal, 28 g E, 21 g F, 80 g KH

Orechiette sind kleine, runde Nudeln aus Süditalien, die an kleine Ohren erinnern und durch ihre Form cremige Saucen besonders gut aufnehmen.

AUBERGINEN-LINSEN-EINTOPF

MIT KOKOSNUSSMILCH

FÜR 4 PORTIONEN

2	**große Auberginen**
2	**Schalotten**
2	**Knoblauchzehen**
2 cm	**frischer Ingwer**
4 EL	**Olivenöl**
1 TL	**gemahlene Koriandersamen**
½ TL	**gemahlener Kreuzkümmel**
1 Msp.	**Kurkumapulver**
1 TL	**rote Currypaste**
400 g	**stückige Tomaten (aus der Dose)**
200 ml	**Gemüsebrühe**
600 ml	**Kokosnussmilch**
250 g	**rote Linsen**
½ Bund	**Koriander**
	Salz, Pfeffer
2 EL	**Crème fraîche**

1. Die Auberginen waschen, putzen und in mundgerechte Stücke schneiden. Schalotten, Knoblauch und Ingwer schälen, alles fein würfeln. Das Öl in einem großen Topf erhitzen und die Auberginen darin bei starker Hitze unter Wenden anbraten, bis sie leicht gebräunt sind. Schalotten, Knoblauch und Ingwer zugeben und ca. 4 Minuten mitdünsten. Dann die Gewürze und die Currypaste unterrühren und kurz anschwitzen. Die stückigen Tomaten hinzufügen, mit Brühe und Kokosnussmilch aufgießen und alles 15–20 Minuten köcheln lassen.

2. Die roten Linsen in ein Sieb geben und unter fließendem Wasser abspülen. Abtropfen lassen, in den Topf geben und ca. 15 Minuten garen, bis sie weich sind.

3. Inzwischen zwei Drittel vom Koriander fein schneiden. Den Eintopf mit Salz und Pfeffer abschmecken. Crème fraîche und den gehackten Koriander unterrühren. Den Auberginen-Linsen-Eintopf mit dem übrigen Koriander garnieren und servieren.

ZUBEREITUNG	GARGERÄT	ANZAHL	NÄHRWERTE
ca. 55 Minuten	großer Topf	4 Portionen	pro Portion ca. 361 kcal, 19 g E, 16 g F, 34 g KH

12
REZEPTE

ALLES VEGAN

Gefüllte Cannelloni, cremiges Kartoffelsotto und bunte Glasnudelpfanne aus dem Wok – hier wird es rein pflanzlich und oberlecker. Denn Kichererbsen, Tofu und Quinoa lieben die One-Pot-Küche. Und gemeinsam mit kräftigen Brühen, spannenden Gewürzen und zahlreichen Kräutern entstehen so die besten veganen Genüsse.

ÜBERBACKENE SPINAT-CANNELLONI

MIT TOMATENSAUCE

FÜR 4 PORTIONEN

600 g	**TK-Blattspinat (aufgetaut)**
60 g	**geröstete Cashewkerne**
1 EL	**abgeriebene Bio-Zitronenschale**
60 g	**veganer Parmesan-Ersatz**
300 g	**veganer Frischkäse-Ersatz**
	Salz, Pfeffer
1 Msp.	**geriebene Muskatnuss**
16	**Cannelloni (ohne Vorkochen)**
800 g	**passierte Tomaten (aus der Dose)**
6 EL	**Olivenöl**
1 TL	**getrockneter Oregano**
1 Prise	**Zucker**
2	**Knoblauchzehen**
200 g	**veganer Mozzarella-Ersatz**
2 EL	**Basilikumblättchen**

Außerdem:

Spritzbeutel

1 Den Spinat im Sieb abtropfen lassen, gut ausdrücken und fein hacken. Die Cashewkerne fein hacken und untermischen. Zitronenschale, veganen Parmesan- und Frischkäse-Ersatz untermischen, mit Salz, Pfeffer und Muskatnuss würzen. Die Füllung am besten mithilfe eines Spritzbeutels in die Cannelloni füllen. Backofen auf 200 Grad (Ober- und Unterhitze) vorheizen.

2 Passierte Tomaten mit 3 EL Olivenöl, getrocknetem Oregano, Salz, Pfeffer und Zucker würzen. Knoblauch schälen, fein reiben und untermischen. Cannelloni in eine Auflaufform schichten und mit der Tomatensauce übergießen. Veganen Mozzarella-Ersatz darauf verteilen, mit dem restlichen Olivenöl beträufeln und im heißen Backofen 35–40 Minuten goldbraun überbacken. Danach mit Basilikumblättchen bestreut servieren.

TIPP Naturbelassene Cashewkerne können Sie auch selber im Backofen für ca. 15 Minuten bei 200 Grad rösten. Dazu in der Auflaufform verteilen und darauf achten, dass sie nicht übereinanderliegen. Die Kerne während des Röstens häufig wenden und danach auf einem Teller abkühlen lassen. Anschließend hacken und unter den Spinat mischen.

ZUBEREITUNG	GARGERÄT	ANZAHL	NÄHRWERTE
ca. 1 Stunde	Auflaufform	4 Portionen	pro Portion ca. 893 kcal, 36 g E, 52 g F, 71 g KH

KÜRBISCURRY

MIT ERBSEN UND ROTEN LINSEN

FÜR 4 PORTIONEN

1 kg	**Hokkaidokürbis**
2	**Zwiebeln**
40 g	**frischer Ingwer**
2	**Knoblauchzehen**
160 g	**rote Linsen**
8 EL	**Sonnenblumenöl**
	Salz
2 TL	**Currypulver**
1 TL	**gemahlener Kreuzkümmel**
1 TL	**Kurkumapulver**
1 TL	**Paprikapulver, edelsüß**
800 ml	**Kokosnussmilch**
600 ml	**Gemüsebrühe**
200 g	**TK-Erbsen**
1 Prise	**Zucker**
4 EL	**Limettensaft**
½ Bund	**Koriander**
½ TL	**Chiliflocken**

1. Den Kürbis gründlich waschen, putzen, entkernen und in mundgerechte Stücke schneiden. Die Zwiebeln schälen und fein würfeln. Ingwer und Knoblauch schälen und beides fein reiben. Die Linsen im Sieb abspülen und abtropfen lassen.

2. In einem großen Topf 4 EL Öl erhitzen. Die Kürbisstücke darin ca. 2 Minuten scharf anbraten, salzen und herausnehmen. Das restliche Öl in dem Topf erhitzen. Die Zwiebeln darin glasig andünsten. Ingwer-Knoblauch-Mischung zugeben und unter Rühren andünsten. Currypulver, gemahlenen Kreuzkümmel, Kurkuma- und Paprikapulver hinzufügen und kurz anrösten. Die Linsen dazugeben, mit Kokosnussmilch und Gemüsebrühe auffüllen und ca. 5 Minuten zugedeckt köcheln lassen. Die Kürbisstücke zufügen und in ca. 15 Minuten bissfest garen.

3. Die Erbsen ca. 5 Minuten vor Ende der Garzeit zum Curry geben und mit Salz, Zucker und Limettensaft abschmecken. Den Koriander grob hacken. Das Kürbiscurry mit Chiliflocken und Koriander bestreut servieren.

TIPP Der Hokkaidokürbis kommt ursprünglich von der japanischen Insel Hokkaido und schmeckt besonders nussig. Alternativ können Sie auch Muskat- oder Butternutkürbis verwenden.

ZUBEREITUNG	GARGERÄT	ANZAHL	NÄHRWERTE
ca. 30 Minuten	großer Topf mit Deckel	4 Portionen	pro Portion ca. 470 kcal, 16 g E, 26 g F, 42 g KH

Lust auf Lasagne mit Kürbis?
Das Rezeptvideo gibt's hier:
edeka.de/kuerbislasagne

VEGAN

WÜRZIGE WOK-NUDELN

MIT SPITZKOHL UND BROKKOLI

FÜR 4 PORTIONEN

1	**Möhre**
1	**rote Paprikaschote**
100 g	**Shiitakepilze**
150 g	**Spitzkohl**
150 g	**Brokkoli**
10 g	**frischer Ingwer**
1	**Knoblauchzehe**
1	**rote Peperoni**
2	**Lauchzwiebeln**
6 EL	**Sojasauce**
50 ml	**Ketjap Manis (gesüßte Sojasauce, alternativ Sojasauce verwenden)**
½ TL	**Sambal Oelek (Würzsauce mit Chili)**
50 ml	**trockener Sherry (alternativ 3 EL Apfelessig)**
250 g	**Mie-Nudeln**
60 ml	**Olivenöl**
1 EL	**Sesamöl**
	Salz, Pfeffer
50 g	**geröstete, gesalzene Erdnüsse**
20 g	**Radieschensprossen**

1. Die Möhre schälen, die Paprika putzen und entkernen. Beides waschen und in ca. 4 cm lange, dünne Stifte schneiden. Die Pilze putzen, Stängel herausdrehen, die Köpfe in Scheiben schneiden. Den Spitzkohl putzen, vierteln, Strunk entfernen und in dünne Streifen schneiden. Brokkoli waschen, putzen und in Röschen teilen, dabei größere Stücke längs halbieren. Ingwer und Knoblauch schälen und würfeln. Peperoni waschen und hacken. Lauchzwiebeln putzen, waschen und in feine Ringe schneiden. Sojasauce, Ketjap Manis, Sambal Oelek und Sherry verrühren.

2. Die Nudeln in den Wok geben und nach Packungsanleitung mit ca. 80 Grad heißem Wasser übergießen. Ca. 5 Minuten ziehen lassen, danach in einem Sieb gut abtropfen lassen und mit 1 EL Olivenöl vermischen.

3. Im Wok 2 EL Olivenöl erhitzen. Brokkoli darin ca. 1 Minute scharf anbraten und herausnehmen. Spitzkohl, Möhren, Paprika, Pilze, Ingwer und die Hälfte der Lauchzwiebeln dazugeben, 2–3 Minuten scharf anbraten und danach herausnehmen.

4. Das restliche Olivenöl im Wok erhitzen. Nudeln, Knoblauch und Peperoni darin unter Rühren 2–3 Minuten braten. Sesamöl, Gemüse und Sojasaucen-Mischung hinzufügen und gut untermischen. Mit Salz und Pfeffer würzen und mit den Erdnüssen, den Radieschensprossen und den restlichen Lauchzwiebelringen bestreut servieren.

ZUBEREITUNG	GARGERÄT	ANZAHL	NÄHRWERTE
ca. 40 Minuten	Wok	4 Portionen	pro Portion ca. 355 kcal, 12 g E, 9 g F, 55 g KH

VEGAN

KARTOFFEL-SOTTO

MIT GEBRATENEM RÖMERSALAT

FÜR 4 PORTIONEN

30 g	**getrocknete Soft-Tomaten**
3 Stiele	**Petersilie**
½ Bund	**Schnittlauch**
2	**Römersalatherzen**
3 EL	**Olivenöl**
2 EL	**veganer Butterersatz**
1 EL	**Condimento Bianco**
	Salz, Pfeffer
2	**Schalotten**
2	**Knoblauchzehen**
600 g	**Kartoffeln, festkochend**
80 ml	**Weißwein (alternativ Saft von ½ Zitrone)**
1 Msp.	**geriebene Muskatnuss**
500–600 ml	**Gemüsebrühe**
1 EL	**Hefeflocken**

1 Für das Kräuter-Tomaten-Topping die getrockneten Soft-Tomaten und die Petersilie fein hacken. Den Schnittlauch in feine Röllchen schneiden.

2 Die Salatherzen putzen, die äußeren Blätter entfernen und waschen. Die Salatherzen der Länge nach halbieren und trocken schütteln. 1 EL Olivenöl und 1 EL veganen Butterersatz in einem großen Topf erhitzen. Salatherzen mit der Schnittfläche nach unten bei starker Hitze darin anbraten. Mit dem Essig ablöschen, kurz weiterbraten, salzen, pfeffern und herausnehmen.

3 Für das Kartoffelsotto die Schalotten schälen und fein würfeln. Knoblauch schälen und in dünne Scheiben schneiden. Die Kartoffeln schälen, waschen und in ca. ½ cm große Würfel schneiden. 2 EL Olivenöl im selben Topf erhitzen. Schalotten und Knoblauch darin glasig andünsten. Kartoffelwürfel dazugeben und 1–2 Minuten mitdünsten. Mit Weißwein ablöschen und mit Salz, Pfeffer und Muskatnuss würzen. Die Gemüsebrühe dazugießen und ca. 15 Minuten cremig einkochen lassen.

4 Die Hefeflocken und 1 EL veganen Butterersatz unter das Kartoffelsotto mischen und nach Belieben nachwürzen. Mit den gebratenen Salatherzen anrichten und mit den gehackten Tomaten und Kräutern bestreut servieren.

ZUBEREITUNG	GARGERÄT	ANZAHL	NÄHRWERTE
ca. 35 Minuten	großer Topf	4 Portionen	pro Portion ca. 279 kcal, 5 g E, 16 g F, 26 g KH

Kaffirlimettenblätter stammen ursprünglich aus Thailand und Indonesien. Ihr Zitrusaroma passt perfekt für Suppen und Currys.

GLASNUDELSUPPE

MIT KOKOSNUSSMILCH UND KORIANDER

FÜR 4 PORTIONEN

2 Stangen	**Zitronengras**
30 g	**frischer Ingwer**
1	**Knoblauchzehe**
200 g	**Glasnudeln**
2 EL	**Sonnenblumenöl**
500 ml	**Gemüsebrühe**
800 ml	**Kokosnussmilch**
3 EL	**Sojasauce**
6	**Kaffirlimettenblätter**
1	**rote Zwiebel**
250 g	**kleine Kräuterseitlinge**
1	**rote Spitzpaprika**
1	**Bio-Limette**
10 Stiele	**Koriander**
	Salz
	Zucker
1–2 TL	**Chilisauce**
1–2 TL	**Limettensaft**
40 g	**gemischte Sprossen**

1. Das Zitronengras putzen und mit einem Messerrücken flach klopfen. Ingwer schälen und in Scheiben schneiden. Knoblauch schälen und dann fein hacken. Die Glasnudeln nach Packungsanleitung in einem Topf zubereiten, anschließend abgießen, abschrecken und abtropfen lassen.

2. Das Öl in dem Topf erhitzen. Den Knoblauch darin hellgelb braten. Zitronengras dazugeben und kurz mitbraten. Gemüsebrühe, Kokosnussmilch, Sojasauce, Ingwer und Kaffirlimettenblätter hinzufügen, aufkochen und alles ca. 10 Minuten bei milder Hitze ziehen lassen.

3. In der Zwischenzeit die Zwiebel schälen und in feine Streifen schneiden. Die Pilze putzen und klein schneiden. Die Paprika waschen, putzen, entkernen und ebenfalls klein schneiden. Limette heiß waschen und in Stücke schneiden.

4. Koriander abzupfen, die Blätter und die Stiele fein hacken. Korianderstiele, Pilze, Paprika und Zwiebeln zur Suppe geben und ca. 10 Minuten garen. Zitronengras, Kaffirlimettenblätter und Ingwer nach Belieben aus dem Topf entfernen. Die Suppe mit Salz, Zucker, Chilisauce und Limettensaft abschmecken. Die Glasnudeln in der Suppe erwärmen. Mit den Limettenstücken anrichten und mit Koriander und Sprossen bestreut servieren.

TIPP Statt Kaffirlimettenblätter können Sie auch etwas abgeriebene Bio-Limettenschale verwenden.

ZUBEREITUNG	GARGERÄT	ANZAHL	NÄHRWERTE
ca. 45 Minuten	Topf	4 Portionen	pro Portion ca. 361 kcal, 14 g E, 13 g F, 41 g KH

ZUCCHINI-PAPRIKA-EINTOPF

MIT GERÖSTETEN MANDELN

FÜR 4 PORTIONEN

60 g	**ganze Mandeln (ohne Schale)**
250 g	**dicke TK-Bohnen**
	Salz, Pfeffer
2	**Zwiebeln**
3	**Paprikaschoten (rot, gelb und orange)**
300 g	**Zucchini**
2 Stangen	**Staudensellerie**
3	**Knoblauchzehen**
1	**Chilischote**
3 EL	**Sonnenblumenöl**
1 EL	**getrockneter Thymian**
1 geh. EL	**Tomatenmark**
1 EL	**gemahlener Kreuzkümmel**
1 l	**Gemüsebrühe**
4 Stiele	**Koriander**
4 Stiele	**Thymian**

1 Die Mandeln grob hacken und in einem großen Topf ohne Fett goldbraun anrösten. Herausnehmen und abkühlen lassen. Im selben Topf die dicken Bohnen für ca. 4 Minuten in kochendes Salzwasser geben. Dann abgießen, abschrecken und abtropfen lassen. Die Bohnenkerne aus der wächsernen Haut drücken. Die Zwiebeln schälen. Die Paprikaschoten waschen, vierteln, Kerne und Strünke entfernen. Zucchini und Sellerie waschen und beides putzen. Das Gemüse in 1–2 cm große Stücke schneiden. Knoblauch schälen und fein hacken. Chilischote längs halbieren.

2 Das Öl im selben Topf erhitzen. Zwiebeln und Knoblauch darin bei mittlerer bis starker Hitze goldbraun anrösten. Paprika, Zucchini, Sellerie, Chilischote und getrockneten Thymian hinzufügen und ca. 3 Minuten mit anrösten. Tomatenmark und den gemahlenen Kreuzkümmel unterrühren, dann mit der Brühe ablöschen. Alles aufkochen und zugedeckt bei niedriger Hitze ca. 30 Minuten köcheln lassen.

3 Den Deckel abnehmen, jeweils die Hälfte der Mandeln und der dicken Bohnen dazugeben und alles weitere ca. 2 Minuten köcheln lassen. Den Eintopf anschließend mit Salz und Pfeffer abschmecken und mit restlichen Mandeln, Bohnen, Koriander und Thymian bestreut servieren.

ZUBEREITUNG	GARGERÄT	ANZAHL	NÄHRWERTE
ca. 1 Stunde 10 Minuten	großer Topf mit Deckel	4 Portionen	pro Portion ca. 319 kcal, 13 g E, 19 g F, 22 g KH

KARTOFFEL-PIZZA

MIT RUCOLA UND OLIVEN

FÜR 4 PORTIONEN

2	**Kartoffeln, festkochend**
80 ml	**Olivenöl**
1 TL	**Trüffelöl**
	Salz, Pfeffer
4	**rote Zwiebeln**
5 Stiele	**Rosmarin**
150 g	**veganer Crème-fraîche-Ersatz**
1 TL	**abgeriebene Bio-Zitronenschale**
1 Packung	**Pizzateig (550 g) aus dem Kühlregal**
etwas	**Mehl zum Bearbeiten**
200 g	**grüne Oliven**
40 g	**Rucola**
2 TL	**Chiliflocken**
2 EL	**Meersalzflocken**

1. Den Ofen mit einem Backblech auf der untersten Schiene auf 250 Grad (Ober- und Unterhitze) vorheizen. Die Kartoffeln schälen, in dünne Scheiben schneiden und in einem Sieb mit kochendem Wasser überbrühen. Danach abschrecken und abtropfen lassen. Die Kartoffelscheiben mit den Ölen und ½ TL Salz mischen. Die Zwiebeln schälen, in Streifen schneiden und dazugeben. Rosmarinnadeln von den Stielen abzupfen und untermischen. Den veganen Crème-fraîche-Ersatz mit der Bio-Zitronenschale, Salz und Pfeffer verrühren.

2. Den Pizzateig zu 4 gleich großen Kugeln formen und auf einer bemehlten Arbeitsfläche zu dünnen Pizzen drücken. Mit je 2 EL Crème-fraîche-Ersatz-Mischung bestreichen, dann mit Kartoffeln, Zwiebeln und Oliven belegen und pfeffern. Nacheinander auf dem Blech im heißen Ofen 10–14 Minuten backen. In der Zwischenzeit den Rucola verlesen, waschen und trocken schütteln. Die Pizzen mit Chili- und Meersalzflocken sowie mit Rucola bestreut servieren.

TIPP Sie können für die Kartoffelpizza auch Pellkartoffeln vom Vortag verwenden.

ZUBEREITUNG	GARGERÄT	ANZAHL	NÄHRWERTE
ca. 50 Minuten	Backblech	4 Portionen	pro Portion ca. 892 kcal, 23 g E, 34 g F, 123 g KH

BUNTE KIRSCHTOMATEN-SPAGHETTI

MIT KAPERN UND OLIVEN

FÜR 4 PORTIONEN

2 EL	**Pinienkerne**
	Salz, Pfeffer
500 g	**Spaghetti**
300 g	**bunte Kirschtomaten**
100 g	**gemischte Oliven (ohne Stein)**
4 Stiele	**Petersilie**
1	**rote Chilischote**
1	**Knoblauchzehe**
4 Stiele	**Oregano**
2 EL	**Kapern**
5 EL	**Olivenöl**
2 EL	**Zitronensaft**
1 Prise	**Zucker**

1. Die Pinienkerne in einem großen Topf ohne Fett anrösten und wieder herausnehmen. Reichlich Wasser in demselben Topf zum Kochen bringen, salzen und die Spaghetti darin in ca. 7 Minuten bissfest garen.

2. Inzwischen die Kirschtomaten waschen und mit den Oliven halbieren. Die Petersilie hacken. Chilischote längs aufschneiden, nach Belieben entkernen. Knoblauch schälen und fein reiben.

3. Das Nudelwasser bis auf ca. 1 cm Füllhöhe abgießen. Oreganoblättchen von den Stielen zupfen. Kirschtomaten, Oliven, Petersilie, Chili, Knoblauch, Kapern, 3 EL Öl und Hälfte der Oreganoblättchen zu den Nudeln geben und unter Rühren fast vollständig einkochen lassen. Anschließend den Topf vom Herd nehmen, die Pinienkerne und das restliche Olivenöl untermischen. Mit Zitronensaft, Zucker, Salz und Pfeffer abschmecken. Auf Tellern anrichten und mit den restlichen Oreganoblättchen bestreut servieren.

TIPP Wer mag, kann die Spaghetti auch noch mit veganem Reibekäse-Ersatz toppen.

ZUBEREITUNG	GARGERÄT	ANZAHL	NÄHRWERTE
ca. 25 Minuten	großer Topf mit Deckel	4 Portionen	pro Portion ca. 809 kcal, 26 g E, 33 g F, 103 g KH

KARTOFFEL-QUINOA-EINTOPF

MIT PAPRIKA UND KIDNEYBOHNEN

FÜR 4 PORTIONEN

250 g	**Kartoffeln, festkochend**
200 g	**Möhren**
2	**Schalotten**
1	**Knoblauchzehe**
3 EL	**Sojaöl**
1 EL	**gelbe Currypaste**
400 ml	**Gemüsebrühe**
150 ml	**Kokosnussmilch**
125 g	**Quinoa**
200 g	**Kidneybohnen (aus der Dose)**
½	**rote Paprikaschote**
	Salz, Pfeffer
1 Prise	**Zucker**
1 Msp.	**Chiliflocken**
1	**Tomate**
1 TL	**Sojasauce**
2 EL	**Zitronensaft**
4 Stiele	**Koriander**

1 Kartoffeln schälen, waschen und in ca. 1 cm große Würfel schneiden. Die Möhren schälen und würfeln. Schalotten und Knoblauch schälen und fein würfeln. Das Sojaöl in einem großen Topf erhitzen. Schalotten und Knoblauch darin andünsten, dann Currypaste ergänzen und kurz mitbraten. Mit Brühe und Kokosnussmilch aufgießen, dann Kartoffeln und Möhren zufügen. Zugedeckt aufkochen und ca. 5 Minuten köcheln lassen.

2 Quinoa in einem Sieb unter fließendem Wasser abbrausen, mit in den Topf geben und alles weitere 4–5 Minuten garen. Die Kidneybohnen abgießen, abspülen und abtropfen lassen. Paprika waschen, putzen, fein würfeln und mitsamt den Bohnen zum Eintopf geben. Mit Salz, Pfeffer, Zucker und Chiliflocken würzen. Gut mischen und weitere ca. 5 Minuten garen.

3 Die Tomate waschen, Stielansatz und Kerne entfernen und fein würfeln. Die Tomatenwürfel unter den Eintopf mischen und alles mit Sojasauce und Zitronensaft abschmecken. Korianderblättchen von den Stielen abzupfen. Den Eintopf auf tiefe Teller verteilen und mit Korianderblättchen garniert servieren.

TIPP Anstelle von Kartoffeln passen auch Süßkartoffeln prima zu diesem Eintopf.

ZUBEREITUNG	GARGERÄT	ANZAHL	NÄHRWERTE
ca. 40 Minuten	großer Topf mit Deckel	4 Portionen	pro Portion ca. 325 kcal, 12 g E, 11 g F, 42 g KH

VEGAN

SPINAT-DAL

MIT TOFU UND SOJADRINK

FÜR 4 PORTIONEN

300 g	**Tofu**
3 EL	**Kokosöl**
	Salz, Pfeffer
200 g	**junger Blattspinat**
100 ml	**Sojadrink (natur)**
1	**Zwiebel**
1	**Knoblauchzehe**
30 g	**Ingwer**
2 TL	**Kurkumapulver**
1 TL	**gemahlener Kreuzkümmel**
1 TL	**gemahlene Koriandersamen**
800 ml	**Gemüsebrühe**
200 g	**Mung Dal (alternativ gelbe Linsen)**
2 EL	**Mandelmus**
2 EL	**Zitronensaft**

1. Den Tofu mundgerecht würfeln und in einem Topf in 1 EL heißem Kokosöl goldbraun braten. Mit Salz und Pfeffer würzen und wieder herausnehmen. Spinat waschen, putzen und grob hacken. Die Hälfte des Spinats mit dem Sojadrink fein pürieren.

2. Zwiebel, Knoblauch und Ingwer schälen und alles fein würfeln. Dann im selben Topf im restlichen heißen Kokosöl kurz andünsten. Kurkumapulver, gemahlenen Kreuzkümmel und gemahlene Koriandersamen zugeben und kurz mitdünsten. Die Gemüsebrühe angießen und aufkochen. Die Mung Dal zufügen und alles ca. 20 Minuten köcheln lassen.

3. Den Spinat-Sojadrink-Mix zusammen mit dem Mandelmus unter das Dal mischen und mit Zitronensaft, Salz und Pfeffer abschmecken. Übrigen Spinat untermischen und auf Schälchen verteilen. Gebratene Tofuwürfel darauf anrichten.

ZUBEREITUNG	GARGERÄT	ANZAHL	NÄHRWERTE
ca. 45 Minuten	Topf	4 Portionen	pro Portion ca. 363 kcal, 23 g E, 18 g F, 26 g KH

Mung Dal sind getrocknete, geschälte und halbierte Mungobohnen, die ähnlich wie gelbe Linsen aussehen.

VEGAN

GLASNUDELPFANNE

MIT RÄUCHERTOFU

FÜR 4 PORTIONEN

400 g	**Räuchertofu**
200 g	**TK-Edamame-Bohnenkerne**
100 g	**Glasnudeln**
250 ml	**Gemüsebrühe**
2 EL	**trockener Sherry (alternativ Apfelessig)**
3 EL	**Sojasauce**
1 TL	**Speisestärke**
1 TL	**Zucker**
	Pfeffer
1	**rote Paprikaschote**
1	**rote Zwiebel**
250 g	**Shiitakepilze**
200 g	**Thai-Spargel (oder dünner grüner Spargel)**
4	**Lauchzwiebeln**
20 g	**frischer Ingwer**
2	**Knoblauchzehen**
6 Stiele	**Koriander**
1	**rote Chilischote**
2 EL	**helle Sesamsaat**
5 EL	**Sonnenblumenöl**
1 EL	**geröstetes Sesamöl**
50 g	**vegane Austernsaucen-alternative**

1. Tofu mit einem Schneidebrett beschweren und ca. 30 Minuten auf Küchenpapier abtropfen lassen. Edamame in einem Sieb unter heißem Wasser abspülen und abtropfen lassen.

2. Glasnudeln in einer Schale mit kochendem Wasser bedecken, ca. 10 Minuten ziehen lassen und im Sieb abgießen. Brühe, Sherry, 2 EL Sojasauce, Stärke, Zucker und ½ TL Pfeffer verrühren.

3. Paprika waschen, putzen und entkernen, Zwiebel schälen. Beides in ca. 2 cm große Stücke schneiden. Pilze putzen und in Scheiben schneiden. Spargel waschen, putzen und in ca. 3 cm lange Stücke schneiden. Die Lauchzwiebeln putzen und waschen. 1 Lauchzwiebel in feine Röllchen, die übrigen in ca. 4 cm lange Stücke schneiden. Ingwer und Knoblauch schälen, beides fein hacken. Koriander grob hacken. Chilischote in Ringe schneiden. Den Tofu in ca. 2 cm große Würfel schneiden und trocken tupfen.

4. Im Wok Sesam ohne Fett anrösten und herausnehmen, dann 2 EL Sonnenblumenöl stark erhitzen. Tofu darin 2–3 Minuten bei starker Hitze braten, mit 1 EL Sojasauce würzen, herausnehmen. Übriges Sonnenblumenöl im Wok stark erhitzen. Paprika, Pilze, Zwiebeln und Chili 3–4 Minuten scharf anbraten, herausnehmen.

5. Sesamöl im Wok erhitzen. Knoblauch, Lauchzwiebelstücke und Ingwer darin goldgelb braten. Austernsauce hinzufügen und kurz unter Rühren anrösten. Saucenmischung ergänzen und aufkochen lassen. Das angebratene Gemüse, Tofu, Spargel und Edamame zugeben und zugedeckt ca. 3 Minuten garen. Die Glasnudeln zufügen und ca. 3 Minuten offen zu Ende garen. Mit Koriander, Lauchzwiebelringen und Sesam bestreut servieren.

ZUBEREITUNG	GARGERÄT	ANZAHL	NÄHRWERTE
ca. 55 Minuten	Wok mit Deckel	4 Portionen	pro Portion ca. 596 kcal, 28 g E, 27 g F, 62 g KH

VEGAN

KICHERERBSEN-EINTOPF

MIT SPINAT UND ERDNÜSSEN

FÜR 4 PORTIONEN

1	**Zwiebel**
1	**Knoblauchzehe**
20 g	**Ingwer**
80 g	**junger Blattspinat**
4	**Tomaten**
1	**rote Paprikaschote**
250 g	**Kichererbsen (aus der Dose)**
100 g	**Erbsen (aus der Dose)**
2 EL	**Olivenöl**
1 TL	**Currypulver**
1 TL	**Paprikapulver, edelsüß**
	Salz
	Cayennepfeffer
1 EL	**Erdnussbutter**
1 EL	**Tomatenmark**
800 ml	**Gemüsebrühe**
2 Stiele	**Petersilie**
2 EL	**Erdnüsse**

1 Zwiebel, Knoblauch und Ingwer schälen und alles fein würfeln. Den Spinat abbrausen, verlesen und die Blätter grob hacken. Tomaten und Paprika waschen und putzen, beides würfeln. Kichererbsen in einem Sieb abbrausen und abtropfen lassen. Die Erbsen abgießen und ebenfalls ins Sieb geben.

2 Knoblauch, Zwiebeln und Ingwer in einem großen Topf im heißen Öl weich dünsten. Mit Curry- und Paprikapulver, Salz und Cayennepfeffer würzen. Die Erdnussbutter und Tomatenmark hinzufügen und kurz mitdünsten. Danach die Brühe angießen. Paprika und Tomaten zugeben und den Eintopf ca. 20 Minuten köcheln lassen.

3 Die Kichererbsen und die Erbsen untermischen und weitere 5 Minuten fertig garen. Nach Bedarf etwas Wasser nachgießen. Petersilienblätter abzupfen, in Streifen schneiden und mit dem Spinat unterrühren. Eintopf kurz ziehen lassen, anschließend nochmals mit Salz und Cayennepfeffer abschmecken und mit Erdnüssen bestreut servieren.

ZUBEREITUNG	GARGERÄT	ANZAHL	NÄHRWERTE
ca. 50 Minuten	großer Topf	4 Portionen	pro Portion ca. 169 kcal, 6 g E, 11 g F, 10 g KH

Erdnüsse zählen aus botanischer Sicht nicht zu den Nüssen, sondern gehören zur Familie der Hülsenfrüchte.

12
REZEPTE

ALLES SÜSS

Von cremigem Milchreis über Cheesecake bis hin zu fruchtigem Blechkuchen – auch das sind One Pots. Die süßen Überraschungen sind ebenfalls schnell und praktisch zubereitet und kommen statt aus der Springform auch mal aus der Pfanne.

Im Gegensatz zu klassischen Pfannkuchen wird das Dutch Baby im Ofen gebacken. Dabei wird es schön luftig und locker.

DUTCH BABY

MIT APFEL, MARZIPAN UND NÜSSEN

FÜR 4 PORTIONEN

1	**Apfel**
1 Prise	**Zimtpulver**
2 EL	**Zucker**
50 g	**Marzipanrohmasse**
100 g	**Mehl**
180 ml	**Milch**
1 Prise	**Salz**
1 TL	**Vanillezucker**
5	**Eier (Gr. M)**
40 g	**weiche Butter**
4 EL	**Mandelblättchen**
	Puderzucker

1. Den Apfel schälen, vierteln, entkernen und in grobe Würfel schneiden. Mit Zimtpulver und 1 EL Zucker mischen. Marzipan fein würfeln.

2. Eine ofenfeste Pfanne auf der mittleren Schiene in den Backofen stellen. Den Ofen auf 200 Grad (Ober- und Unterhitze) vorheizen. Mehl, Milch, Salz, Vanillezucker und restlichen Zucker mit einem Schneebesen gut verrühren. Die Eier zum Teig geben und kurz unterrühren.

3. Die Pfanne vorsichtig aus dem Ofen nehmen und die Butter darin schmelzen. Den Teig in die Pfanne gießen. Apfelscheiben, Marzipanwürfel und Mandelblättchen auf den Teig streuen und ca. 15–20 Minuten im Ofen backen. Der Teig sollte nach Ende der Backzeit schön aufgegangen und goldbraun sein.

4. Die Pfanne aus dem Ofen nehmen. Den Pfannkuchen mit Puderzucker bestreuen und sofort servieren.

TIPP Ganz nach Geschmack lässt sich das Dutch Baby anstelle des Apfels auch mit 150 g Pflaumen, 150 g Aprikosen oder 150 g Beeren zubereiten.

ZUBEREITUNG	GARGERÄT	ANZAHL	NÄHRWERTE
ca. 35 Minuten	ofenfeste Pfanne	4 Portionen	pro Portion ca. 474 kcal, 16 g E, 27 g F, 41 g KH

SCHOKOLADEN-PUDDING

MIT PEKANNÜSSEN UND CRÈME FRAÎCHE

FÜR 4 PORTIONEN

100 g	**Zartbitterschokolade**
500 ml	**Milch**
1 Prise	**Zimtpulver**
100 g	**Schlagsahne**
1	**Ei (Gr. M)**
30 g	**Speisestärke**
1 EL	**Backkakao**
50 g	**Zucker**
4 EL	**Crème fraîche**
1 EL	**Puderzucker**
4 EL	**Pekannüsse**
4 EL	**Schokoraspel**

1. Die Schokolade fein hacken und mit Milch und Zimtpulver in einen Topf geben. Sahne, Ei, Stärke, Kakao und 40 g Zucker in einer Schüssel miteinander verrühren.

2. Die Milch-Schoko-Mischung unter ständigem Rühren aufkochen. Danach die Kakao-Stärke-Mischung einrühren und weitere ca. 30 Sekunden kräftig kochen lassen, dabei ständig rühren. Den Topf vom Herd nehmen. Die Oberfläche dünn mit restlichem Zucker bestreuen und den Pudding abkühlen lassen.

3. Die Crème fraîche mit dem Puderzucker cremig rühren. Die Nüsse grob hacken. Pudding mit der Crème fraîche anrichten und mit Nüssen und Schokoraspeln bestreut servieren.

TIPP Wer mag, lässt die Crème fraîche einfach weg und hebt stattdessen 100 g geschlagene Sahne unter den abgekühlten Pudding. Dadurch wird er schön locker.

ZUBEREITUNG	GARGERÄT	ANZAHL	NÄHRWERTE
ca. 20 Minuten + Abkühlzeit	Topf	4 Portionen	pro Portion ca. 580 kcal, 13 g E, 36 g F, 52 g KH

GESTÜRZTER BLECHKUCHEN

MIT ORANGEN UND ZITRONEN

FÜR 9 STÜCKE

200 ml	**Rapsöl**
2	**Bio-Orangen**
1	**Bio-Zitrone**
250 g	**flüssiger Honig**
200 g	**gemahlene Mandeln**
200 g	**Mehl**
2 EL	**Backpulver**
1 Prise	**Salz**
200 g	**griechischer Sahnejoghurt**
2 EL	**Vanillepaste**
2	**Eier (Gr. M)**

1. Backofen auf 180 Grad (Ober- und Unterhitze) vorheizen. Eine Auflaufform mit einem Bogen Backpapier auslegen. Das Backpapier mit 20 ml Rapsöl fetten. Orangen und Zitrone heiß waschen und trocken reiben. Die Schale von 1 Orange fein abreiben. Die übrige Orange und die Zitrone in sehr feine Scheiben schneiden und in der Auflaufform verteilen. Mit 150 g Honig beträufeln und im heißen Ofen ca. 20 Minuten backen.

2. Inzwischen gemahlene Mandeln, Mehl, Backpulver, Salz, Joghurt, Vanillepaste, Orangenschale, Eier, restliches Rapsöl und übrigen Honig in einer Schüssel zu einem glatten Teig verrühren.

3. Die Auflaufform aus dem Backofen nehmen und den Teig hineingießen. Dann für weitere 35–40 Minuten backen. Aus dem Ofen nehmen und vorsichtig auf eine Servierplatte stürzen.

TIPP Zum gestürzten Blechkuchen passen griechischer Joghurt oder Schlagsahne.

ZUBEREITUNG	GARGERÄT	ANZAHL	NÄHRWERTE
ca. 1 Stunde	Auflaufform (ca. 24 x 24 cm)	9 Stücke	pro Stück ca. 562 kcal, 10 g E, 38 g F, 45 g KH

CROISSANT-PUDDING

MIT BROMBEEREN

FÜR 4 PORTIONEN

300 ml	**Milch**
200 g	**Schlagsahne**
50 g	**Rohrzucker**
	+ etwas zum Bestreuen
3	**Eier (Gr. M)**
2 Msp.	**Vanillemark**
200 g	**Brombeeren**
4–5	**altbackene Croissants**
50 g	**flüssige Butter**

1. Backofen auf 180 Grad (Ober- und Unterhitze) vorheizen. Milch und Sahne in einer ofenfesten Pfanne aufkochen und vom Herd ziehen. Rohrzucker, Eier und Vanillemark verquirlen und in die heiße Milchmischung einrühren.

2. Die Brombeeren waschen. Zwei Drittel der Brombeeren in der Milchmischung verteilen. Die Croissants mit der flüssigen Butter bepinseln und in der Milchmischung wenden. Mit den restlichen Beeren bestreuen und alles ca. 5 Minuten ziehen lassen. Anschließend im heißen Ofen ca. 20 Minuten garen, bis die Masse gestockt ist. Mit Rohrzucker bestreuen und in der Pfanne servieren.

ZUBEREITUNG	GARGERÄT	ANZAHL	NÄHRWERTE
ca. 40 Minuten	ofenfeste Pfanne (ca. 24 cm Ø)	4 Portionen	pro Portion ca. 745 kcal, 14 g E, 55 g F, 21 g KH

OFEN-SCHLUPFER

MIT ÄPFELN UND KIRSCHEN

FÜR 4 PORTIONEN

3	**Brötchen oder helles Brot vom Vortag (ca. 150 g)**
4	**Äpfel**
2 EL	**Zitronensaft**
200 g	**Speisequark (20 % Fett)**
200 ml	**Milch**
50 g	**Zucker**
2 Päckchen	**Vanillezucker**
½ TL	**Zimtpulver**
4	**Eier (Gr. M)**
10 g	**Butter**
100 g	**TK-Kirschen**
3 EL	**Puderzucker zum Bestäuben**
125 ml	**fertige Vanillesauce**

1. Die Brötchen oder das Brot in dünne Scheiben schneiden. Die Äpfel waschen und die Kerngehäuse ausstechen. Äpfel in dünne Scheiben schneiden und mit Zitronensaft vermischen.

2. Backofen auf 170 Grad (Ober- und Unterhitze) vorheizen. Quark, Milch, Zucker, Vanillezucker, Zimtpulver und Eier mit dem Schneebesen verrühren. Eine Auflaufform mit der Butter fetten. Apfelscheiben, Kirschen und Brotscheiben einschichten. Mit der Quark-Ei-Mischung übergießen. Ofenschlupfer im heißen Ofen ca. 25 Minuten backen. Mit Puderzucker bestäuben und mit der Vanillesauce servieren.

TIPP Der Ofenschlupfer gelingt ebenfalls prima mit 150 g altbackenem Hefezopf oder Brioche. Wer mag, belegt ihn vor dem Backen mit 2 EL Butterflocken.

ZUBEREITUNG	GARGERÄT	ANZAHL	NÄHRWERTE
ca. 35 Minuten	Auflaufform	4 Portionen	pro Portion ca. 490 kcal, 20 g E, 14 g F, 70 g KH

Die Stärke lässt die Reiskörner beim Kochen zusammenkleben. Daher sollte Milchreis vor dem Kochen nicht gewaschen werden.

KOKOS-MILCHREIS

MIT MANGO UND PASSIONSFRUCHT

FÜR 4 PORTIONEN

4 EL	**Kokosraspel**
800 ml	**Kokosnussmilch (aus der Dose)**
1 Päckchen	**Vanillezucker**
2 TL	**Ahornsirup**
1 Prise	**Salz**
220 g	**Milchreis**
1	**Mango**
2	**Passionsfrüchte**
1 EL	**Limettensaft**

1. Die Kokosraspel in einem Topf ohne Fett goldbraun rösten und wieder herausnehmen. Kokosnussmilch, Vanillezucker, Ahornsirup, Salz und 200 ml Wasser in demselben Topf unter Rühren aufkochen. Den Milchreis zugeben und bei milder Hitze 20–25 Minuten garen. Dabei immer wieder umrühren, sodass der Reis nicht am Topfboden ansetzt.

2. Inzwischen die Mango schälen, das Fruchtfleisch vom Kern schneiden und würfeln. Die Passionsfrüchte halbieren und das Mark herauslöffeln. Mangowürfel, Passionsfruchtmark und den Limettensaft mischen.

3. Den Milchreis auf Schüsseln verteilen und mit der Fruchtmischung anrichten. Mit Kokosraspeln bestreut servieren.

TIPP Für eine dezente Zitrusnote kochen Sie einfach ein dünn abgeschältes Stück Bio-Zitronenschale mit. Vor dem Servieren aus dem Kokos-Milchreis wieder entfernen.

ZUBEREITUNG	GARGERÄT	ANZAHL	NÄHRWERTE
ca. 35 Minuten	Topf	4 Portionen	pro Portion ca. 562 kcal, 7 g E, 30 g F, 66 g KH

HEIDELBEER-CHEESECAKE

MIT BUTTERKEKSEN

FÜR 10 STÜCKE

100 g **Butter**
200 g **Butterkekse**
4 **Eier (Gr. M)**
1 TL **Vanillepaste**
110 g **Puderzucker**
1 **Bio-Zitrone**
600 g **Frischkäse (Doppelrahmstufe)**
3 EL **Mehl**
200 g **Heidelbeeren**

1. Den Backofen auf 160 Grad (Umluft 140) vorheizen. Die Butter in einer ofenfesten Pfanne schmelzen und vom Herd nehmen. Die Kekse fein zerkleinern, in die Pfanne geben, mit der Butter vermischen, gleichmäßig auf dem Pfannenboden verteilen und leicht andrücken. Im heißen Ofen ca. 5 Minuten backen und wieder herausnehmen.

2. Die Eier mit der Vanillepaste und 90 g Puderzucker in eine Schüssel geben und danach mit den Quirlen des Handrührers 3–4 Minuten cremig aufschlagen. Die Zitrone heiß waschen, die Schale fein abreiben und die Frucht auspressen. Den Frischkäse, Zitronensaft und -schale in die Schüssel dazugeben und ca. 2 Minuten unterrühren. Das Mehl hinzufügen und kurz unterrühren. Die Creme auf dem Keksboden verteilen. Im heißen Backofen ca. 15 Minuten backen.

3. Die Heidelbeeren mit 10 g Puderzucker mischen, nach dem Ende der Backzeit auf dem Cheesecake verteilen und weitere ca. 10 Minuten backen. Ofen auf 220 Grad Grillfunktion schalten, unter Aufsicht weitere ca. 10 Minuten goldbraun backen.

4. Den Cheesecake aus dem Ofen nehmen und abkühlen lassen. Nach Belieben kalt stellen und mit dem restlichen Puderzucker bestreut servieren.

ZUBEREITUNG	GARGERÄT	ANZAHL	NÄHRWERTE
ca. 1 Stunde	ofenfeste Pfanne (ca. 28 cm Ø)	10 Stücke	pro Stück ca. 402 kcal, 10 g E, 26 g F, 31 g KH

Weitere leckere Tiramisu-Rezepte gibt's unter: edeka.de/tiramisu-rezepte

HIMBEER-TIRAMISU

MIT CANTUCCINI

FÜR 6 PORTIONEN

250 g	**Magerquark**
250 g	**Mascarpone**
200 g	**Schlagsahne**
80 g	**Puderzucker**
1 TL	**Vanillepaste**
250 ml	**kalter Espresso**
125 ml	**Amaretto (alternativ Orangensaft)**
1 Päckchen	**Sahnesteif**
200 g	**Himbeeren**
250 g	**Cantuccini (italienisches Mandelgebäck)**
2–3 EL	**Backkakao**

1. Für die Creme Quark, Mascarpone, Sahne, Puderzucker, Vanillepaste, je 2 EL Espresso und Amaretto mit den Quirlen des Handrührgeräts in ein paar Minuten cremig aufschlagen. Sahnesteif nach ca. 1 Minute zugeben. Die Himbeeren verlesen, evtl. vorsichtig waschen und abtropfen lassen.

2. Restlichen Amaretto und übrigen Espresso mischen. Die Hälfte der Cantuccini kurz in der Flüssigkeit tränken und in einer Auflaufform verteilen. Die Hälfte der Mascarponecreme darauf verstreichen. Restliche Cantuccini ebenfalls kurz in der Flüssigkeit tränken und mit den Himbeeren auf der Creme verteilen. Mit restlicher Creme bedecken und glatt streichen.

3. Das Himbeer-Tiramisu mindestens 2 Stunden zugedeckt kalt stellen. Zum Servieren den Backkakao in ein feines Sieb geben. Mit einem Teelöffel durch das Sieb reiben und den Kakao so über das Tiramisu streuen.

TIPP Sie erwarten Gäste zum Essen? Dann ist unser Tiramisu das perfekte Dessert, da es sich prima vorbereiten lässt. Sie können es schon einen Tag vorher zubereiten und dann über Nacht durchziehen lassen.

ZUBEREITUNG	GARGERÄT	ANZAHL	NÄHRWERTE
ca. 20 Minuten + mind. 2 Stunden Kühlzeit	Auflaufform	6 Portionen	pro Portion ca. 622 kcal, 13 g E, 34 g F, 56 g KH

KAISERSCHMARRN

MIT APFEL UND CRANBERRIES

FÜR 4 PORTIONEN

2	**Äpfel**
2 Prisen	**Zimtpulver**
8 EL	**Zucker**
200 g	**Mehl**
480 ml	**Milch**
2 Prisen	**Salz**
1 EL	**Vanillezucker**
6	**Eier (Gr. M)**
80 g	**Butter**
6 EL	**Soft-Cranberries**
4 EL	**Mandelblättchen**
2 EL	**Puderzucker**

1. Die Äpfel schälen, vierteln, entkernen, in Scheiben schneiden und dann mit Zimtpulver und 2 EL Zucker mischen.

2. Backofen auf 250 Grad (Ober- und Unterhitze) vorheizen. Mehl, Milch, Salz und Vanillezucker mit einem Schneebesen gut verrühren. Die Eier kurz in den Teig einrühren.

3. In einer großen, ofenfesten Pfanne 40 g Butter schmelzen, dann den Teig in die Pfanne gießen. Äpfel und Cranberries in den Teig streuen. Den Schmarrn so lange auf dem Herd backen, bis die Unterseite eine goldgelbe Farbe angenommen hat. Den Teig danach mit einem Pfannenwender kreuzförmig einritzen und umdrehen.

4. Den Kaiserschmarrn mit dem restlichen Zucker und den Mandelblättchen bestreuen. Die übrige Butter in Flocken darauf verteilen und im heißen Ofen ca. 4–5 Minuten auf der mittleren Schiene karamellisieren lassen. Wenn er schön aufgegangen und durchgebacken ist, den Kaiserschmarrn mit zwei Löffeln zerreißen. Mit Puderzucker bestreuen und servieren.

ZUBEREITUNG	GARGERÄT	ANZAHL	NÄHRWERTE
ca. 30 Minuten	große, ofenfeste Pfanne	4 Portionen	pro Portion ca. 657 kcal, 21 g E, 20 g F, 83 g KH

Lust auf veganen Kaiserschmarrn?
Das Rezeptvideo gibt's hier:
edeka.de/veganer-kaiserschmarrn

ROTE GRÜTZE

MIT GEMISCHTEN BEEREN

FÜR 4 PORTIONEN

300 g	**Erdbeeren**
200 g	**Heidelbeeren**
200 g	**Johannisbeeren**
150 g	**Kirschen**
150 g	**Himbeeren**
1 TL	**Vanillepaste**
40 g	**Zucker**
500 ml	**schwarzer Johannisbeernektar**
3 EL	**Speisestärke**

1. Erdbeeren, Heidelbeeren, Johannisbeeren und Kirschen vorsichtig abspülen und putzen. Die Erdbeeren vierteln, die Johannisbeeren von den Rispen streifen, die Kirschen entstielen und entkernen. Die Himbeeren verlesen. Vanillepaste, Zucker und schwarzen Johannisbeernektar aufkochen. Je die Hälfte der Früchte dazugeben und dann zugedeckt bei mittlerer Hitze ca. 5 Minuten köcheln lassen. Die Früchte im Nektar fein pürieren.

2. Die Speisestärke in etwas kaltem Wasser glatt rühren und in die kochende Mischung geben. Unter ständigem Rühren alles erneut gut aufkochen. Vom Herd nehmen, restliche Beeren und Kirschen untermischen und die Grütze abkühlen lassen. Nach Belieben mit fertiger Vanillesauce servieren.

TIPP Nach Geschmack können Sie auch eine der Beerensorten gegen Rhabarber austauschen. Der verleiht der roten Grütze eine dezent säuerliche Note.

ZUBEREITUNG	GARGERÄT	ANZAHL	NÄHRWERTE
ca. 30 Minuten + Kühlzeit	Topf mit Deckel	4 Portionen	pro Portion ca. 407 kcal, 4 g E, 2 g F, 44 g KH

BEEREN-CRUMBLE

MIT HAFERFLOCKEN

FÜR 4 PORTIONEN

- 25 g **gemahlene Haselnüsse**
- 40 g **kernige Haferflocken**
- 110 g **Mehl**
- 60 g **brauner Zucker**
- 1 Msp. **Zimtpulver**
- 1 Prise **Salz**
- 90 g **flüssige Butter**
- 500 g **gemischte TK-Beeren**
- 2 EL **Cassis-Likör (alternativ Johannisbeernektar)**
- 1 TL **abgeriebene Bio-Orangenschale**
- 2 EL **Vanillezucker**

1. Haselnüsse, Haferflocken, Mehl, Zucker, Zimtpulver und Salz mischen. 75 g flüssige Butter zugeben und alles mit den Händen zu Streuseln verkneten. Ca. 20 Minuten kalt stellen. Backofen auf 200 Grad (Ober- und Unterhitze) vorheizen.

2. Eine Backform mit restlicher Butter fetten. Die gefrorenen Beeren mit dem Likör, der Orangenschale und dem Vanillezucker darin vermengen. Die Streusel über die Beeren streuen und im heißen Backofen 25–30 Minuten goldbraun überbacken.

3. Den fertigen Crumble aus dem Ofen nehmen, leicht abkühlen lassen und warm servieren.

ZUBEREITUNG	GARGERÄT	ANZAHL	NÄHRWERTE
ca. 1 Stunde	Backform	4 Portionen	pro Portion ca. 475 kcal, 7 g E, 24 g F, 54 g KH

SCHOKO-GUGELHUPF

MIT PUDERZUCKER

FÜR 18 STÜCKE

320 g	**weiche Butter**
320 g	**Mehl**
200 g	**Zucker**
1 TL	**Vanillepaste**
1 Prise	**Salz**
6	**Eier (Gr. M)**
25 g	**Backkakao**
2 TL	**Backpulver**
150 g	**Schlagsahne**
100 g	**Zartbitter-Schokoladentropfen**
2–3 TL	**Puderzucker**

1. Eine Gugelhupfform mit 20 g weicher Butter fetten, dann mit 20 g Mehl ausstäuben und das überschüssige Mehl ausklopfen. Restliche weiche Butter, Zucker, Vanillepaste und Salz mit den Quirlen des Handrührgeräts ca. 5 Minuten sehr cremig rühren.

2. Den Backofen auf 180 Grad (Umluft 160) vorheizen. Die Eier einzeln jeweils ca. 30 Sekunden gut unter die Buttermasse rühren. Übriges Mehl, Kakao und Backpulver abwechselnd mit Sahne und Schokotropfen unterrühren.

3. Den Teig in die vorbereitete Form streichen und im heißen Ofen 50–55 Minuten auf der mittleren Schiene backen. Am besten eine Stäbchenprobe machen: Wenn an einem Holzstäbchen kein Teig kleben bleibt, ist der Kuchen fertig. Den Gugelhupf herausnehmen und in der Form auf einem Kuchengitter ca. 5 Minuten abkühlen lassen. Anschließend vorsichtig aus der Form stürzen und auf dem Gitter abkühlen lassen. Mit Puderzucker bestäubt servieren.

TIPP Statt mit Puderzucker können Sie den Gugelhupf auch mit Zuckerguss oder flüssiger Schokolade überziehen.

ZUBEREITUNG	GARGERÄT	ANZAHL	NÄHRWERTE
ca. 1 Stunde 30 Minuten + Abkühlzeit	Gugelhupfform (1 ½ l Inhalt, 22 cm Ø)	18 Stücke	pro Stück ca. 315 kcal, 5 g E, 21 g F, 28 g KH

REGISTER

A

B

C

D

E

M

P

Q

R

S

BISHER ERSCHIENEN

Grillen – Das Buch
ISBN: 978-3-00-047840-6

Selbstgemacht – Das Buch
ISBN: 978-3-9818005-1-7

Cook Boom Bäm – Das Familienkochbuch
ISBN: 978-3-9818005-2-4

Backen – Das Buch
ISBN: 978-3-9818005-3-1

Alles vegetarisch – Das Buch
ISBN: 978-3-9818005-4-8

Koch dich fit – Das Kochbuch vom Olympia Team Deutschland
ISBN: 978-3-9818005-5-5

Heimkommen – So schmeckt Zuhause
ISBN: 978-3-9818005-6-2

Voll Vegan – Das Kochbuch
ISBN: 978-3-9818005-7-9

IMPRESSUM

VERLAG & HERAUSGEBER

EDEKA Media GmbH
New-York-Ring 6, 22297 Hamburg
Geschäftsführung Markus Mosa, Rolf Lange
Gesamtleitung Carolin Vosberg
Projektmanagement Lina Rotert
www.edeka.de

REDAKTION & GESTALTUNG

C3 Creative Code and Content GmbH
Redaktion Götz Poggensee
Text Oliver Willmer
Lektorat Michael Svetchine
Projektmanagement Hannah Hornung, Nina Ziebell
Artdirection Chiara Kleinke, Eva-Maria Ostendorf
Bildredaktion Angela Wahl
Lithografie RTK & SRS mediagroup GmbH

DRUCK & VERARBEITUNG

Mohn Media Mohndruck GmbH
Carl-Bertelsmann-Str. 161 M
33311 Gütersloh

ISBN 978-3-9818005-8-6
2. Auflage 2025

MIX
Papier | Fördert gute Waldnutzung
FSC www.fsc.org FSC® C011124

ILLUSTRATIONS- & BILDNACHWEISE

Fotografie
Ulrike Holsten 30, 54, 122; **Janne Peters** 21, 46, 109; **Wolfgang Schardt** 99, 118; **Charlotte Schreiber** 175; **Thorsten Suedfels** 29, 68, 99, 117, 121, 133; **Andrea Thode** 57, 71, 103, 113, 130, 137, 145, 150; **Silke Zander** Umschlag, 2–10, 14, 18, 22–26, 33, 38, 42, 49, 53, 58, 61, 67, 75–79, 86, 99 (2 x), 100, 104, 107, 110, 114, 129, 132, 141, 142, 146, 149, 153, 162, 167, 171, 172, 176, 179, 180, 184, 187

Rezeptentwicklung und Foodstyling
Beate Gauder 175; **Anne Haupt** 141 (2 x), 146, 149, 153; **Maren Jahnke** 122; **Adam Koor** 21, 99, 107, 110, 114, 132, 109; **Nicole Reymann** 17, 30, 54, 68; **Claudia Seifert** 175; **Marcel Stut** Umschlag, 2–14, 18, 22–26, 33, 38–42, 46, 49, 53, 57–61, 67, 71, 75–79, 86, 99 (2 x)–104, 113, 118, 129, 130, 137, 141 (2 x)–153, 162, 167, 171, 172, 176–184, 187; **Pia Westermann** 29, 99, 117, 121, 133

Styling
Miriam Geyer 21, 54, 109; **Irina Graewe** 17; **Katrin Heinatz** 122; **Anka Rehbock** Umschlag, 2–14, 18, 22–26, 33, 38–42, 46, 49, 53, 58, 61, 67, 75–79, 86, 99 (3 x)–110, 114, 118, 129–132, 141, 142, 146, 149–153, 162, 167 (3 x), 171, 172, 175–180, 184, 187; **Dörthe Schenk** 30; **Meike Stüber** 68; **Krisztina Zombori** 29, 57, 71, 99, 113, 117, 121, 133, 137, 145, 183

StockFood-Fotos
Are Media 85; **Gareth Morgans** 97; **GU Verlag: Becca Crawford** 138; **GU Verlag: Coco Lang** 62; **GU Verlag: Grossmann.Schuerle** 83, 158; **GU Verlag: Klaus Arras** 108; **GU Verlag: Kramp + Gölling** 72, 126; **GU Verlag: Maria Brinkop** 165; **GU Verlag: Nicky Walsh** 161; **GU Verlag: Silvio Knezevic** 67, 93; **GU Verlag: Wolfgang Schardt** 84; **Immediate Media: Good Food** 67, 89, 90; **Immediate Media: Olive** 45, 174; **News Life Media** 34, 36, 50, 65, 67, 80, 125; **StockFood Studios: Mathias Neubauer** 94; **für ZS Verlag: Kramp + Gölling** 72, 126; **für ZS Verlag: Ben Fuchs** 134

Illustrationen
Chiara Kleinke

Die oben aufgeführten Zahlen beziehen sich auf die jeweilige Seite.